Das erste Mal ... im LEHRERBERUF

Die wichtigsten Herausforderungen sicher meistern

Verlag an der Ruhr

IMPRESSUM

Titel

Das erste Mal ... im Lehrerberuf

Die wichtigsten Herausforderungen sicher meistern

Autor

Jonas Lanig

Verlag an der Ruhr
Mülheim an der Ruhr
www.verlagruhr.de

Geeignet für die Klassen 1–13

ISBN 978-3-8346-2389-8

Printed in Germany

INHALTSVERZEICHNIS

1 DIE SCHULE

2 MEINE KLASSE

3 DIE SCHÜLER

4 DER UNTERRICHT

NICHTS FÜR LEICHTMATROSEN

„Lieber Dr. Sommer! Zurzeit stehe ich vor einem sehr schwierigen Problem, wobei ich hoffe, dass Sie mir helfen können. Seit dem 6. Dezember bin ich mit einem Jungen zusammen, den ich sehr mag, was auch bei ihm der Fall ist. Nun möchte ich (er weiß es noch nicht) mit ihm schlafen. Doch habe ich davor auch Angst. Vielleicht liegt es daran, dass es bei mir das erste Mal sein wird." [1]

In ihrer vermeintlichen Not wendet sich eine gewisse Bärbel an den Aufklärungsonkel der BRAVO.

Das erste Mal ist nicht nur für Teenager mit einem emotionalen Cocktail aus Aufregung, Neugier und Angst verbunden. Auch in der Biografie eines Lehrers sind zahlreiche erste Male zu meistern, die mit ähnlichen Erwartungen und Befürchtungen unterlegt sind: Da muss der erste Wandertag geplant, die erste Klassenkonferenz geleitet, der erste Elternabend überstanden werden. Da gilt es, eine Unterrichtseinheit zu planen, ein Projekt zu organisieren oder sich einem Feedback zu stellen. Vieles, was nach ein paar Jahren zur Routine wird, ist beim ersten Mal noch spannend und verwirrend.

„Das erste Mal" versteht sich als ein Logbuch, das Sie durch Ihre ersten Jahre an der Schule begleiten will. Dazu sollen Sie zunächst mit den notwendigen Informationen versorgt werden. Denn der Schulalltag kann zu einem reißenden Meer werden, dessen Klippen und Untiefen nach präzisen Navigationskenntnissen verlangen. Nur wer über solche Kenntnisse verfügt, wird hier keinen Schiffbruch erleiden. Die Schule ist nun einmal nichts für Leichtmatrosen. Darüber hinaus erwarten Sie hier die notwendigen Tipps und Tricks, wie sie sich erfahrene Fahrensleute in vielen Lehrerjahren angeeignet haben. Im Rahmen Ihrer Ausbildung werden Sie davon nicht viel gehört haben. Aber Sie werden darauf angewiesen sein, wenn Ihr erstes Mal nicht auch Ihr letztes Mal gewesen sein soll.

Vom Lebensberater ihres Vertrauens erfährt Bärbel, wie sie die Angst vor dem ersten Mal besiegen und ihr Premierenfieber in den Griff bekommen kann: *„Offenheit ist wahnsinnig wichtig." Denn diese Offenheit wird „das erste Mal" zum schönen Erlebnis werden lassen.* [2]

Hier wird man dem Aufklärungsonkel der BRAVO nur beipflichten können. Auch bei Ihren ersten Malen sollten Sie nicht den abgeklärten Routinier mimen, sondern sich dem einen oder anderen Ratschlag öffnen. Nur wer sich selbst zu seinen Wissenslücken bekennt, kann anderen ein guter Lehrer sein.

1

DIE SCHULE

BALLAST ABWERFEN

Die Schule ist nicht nur ein Lernort, nicht nur eine pädagogische Einrichtung. Sie ist immer auch eine Behörde – mit allem, was einen solchen bürokratischen Apparat ausmacht. Deshalb geht es hier auch um Verwaltungsvorschriften und Abordnungsverfügungen, um Abrechnungsmodalitäten und Dienstanweisungen. Und noch bevor Sie dem ersten Schüler gegenübertreten, werden Sie einen ganzen Marathon von Belehrungen und Einführungen, von Konferenzen und Sitzungen hinter sich gebracht haben. Hier türmt sich ein bürokratischer Ballast auf, den mancher lieber ignorieren würde. Das aber könnte sich rächen: Wer sich nämlich mit den Spielregeln der Schulbürokratie nicht auskennt, den hat die Eigendynamik des Verwaltungshandelns schon bald eingeholt. Deshalb sollten Sie sich mit den hier geltenden Vorschriften und Regeln möglichst schnell vertraut machen. Damit Sie den Kopf wieder freibekommen – für Ihre ganz persönliche pädagogische Berufung. Denn die sollten Sie sich durch die Wucht administrativer Auflagen nicht beschädigen lassen.

Das erste Mal ... AN EINER LEHRERKONFERENZ TEILNEHMEN

Wenige Tage, bevor Britta ihren Dienst an der neuen Schule antritt, erhält die angehende Lehrerin Post: Ein gewisser Uli stellt sich als künftiger Kollege vor, den es ebenfalls an diese Schule in einer ländlichen Kleinstadt verschlagen hat. Er schlägt vor, dass sich die „Neuen" vor der ersten Konferenz im neuen Schuljahr treffen, um sich schon einmal zu beschnuppern und ihren ersten Auftritt vor dem Kollegium vorzubereiten. Der forsche Anfänger hat schon einmal für 13.00 Uhr einen Tisch im Café „Löblein" reservieren lassen ...

Britta hat es offensichtlich gut getroffen. Ihr bleibt das Schicksal vieler Anfänger erspart, die sich in der ersten Konferenz doch recht verloren vorkommen – weil sie hier von lauter gut erholten und entsprechend aufgedrehten Kollegen umgeben sind, aber noch nicht so recht dazugehören. Für Britta, wie für alle anderen Neulinge, werden solche Konferenzen bald genauso zum pädagogischen Alltag gehören wie die Pausenaufsicht, die Unterrichtsvertretung oder die Sprechstunde. Weil sich aber die Lehrerarbeitszeit ausschließlich an der Zahl der erteilten Wochenstunden bemisst, gilt die Konferenz nach außen und nach innen als eine unentgeltliche Zusatzleistung. Und entsprechend gering fällt die Begeisterung der Kollegen aus.

Nicht jede Konferenz läuft gleich ab. Zu unterscheiden sind hier ...

- ☑ allgemeine Konferenzen, bei denen administrative und organisatorische Fragen im Mittelpunkt stehen. Das ist z. B. in der Anfangskonferenz der Fall, zu der die Lehrkräfte oft schon am letzten Tag der Sommerferien in die Schule beordert werden.
- ☑ pädagogische Konferenzen, bei denen es um die Gestaltung von Unterricht und Schulleben geht. Hier werden keine Erlasse verlesen, sondern Probleme diskutiert, die sich an der Schule selbst stellen. Das erklärt den besonderen Stellenwert solcher Konferenzen.
- ☑ ad-hoc-Konferenzen, die spontan einberufen werden und in der Regel nicht länger als eine Stunde dauern. Solche Konferenzen können notwendig werden, wenn eine wichtige Entscheidung ansteht, die möglichst zeitnah gefällt werden muss.

- **Teilkonferenzen**, an denen jeweils nur eine bestimmte Anzahl von Kollegen teilnimmt. Dazu zählen die Klassenkonferenzen oder die Sitzungen der jeweiligen Fachgruppe. Hier stehen sowohl Verwaltungsaufgaben wie pädagogische Probleme auf der Tagesordnung.
- **Pädagogische Tage**, an denen sich das ganze Kollegium weiterbildet. Diese sind für die Schulentwicklung so wichtig, dass dafür auch einmal ein ganzer Schultag ausfallen kann. Nur besonders hartleibige Schulleiter lassen das Kollegium dafür am Wochenende antreten.

Viele Kollegen lassen eine solche Konferenz lieber über sich ergehen, als dass sie diese für die innerschulische Meinungsbildung nutzten. Das hängt auch damit zusammen, dass der Lehrerkonferenz in manchen Bundesländern nur geringe Kompetenzen zugestanden werden. So hat die Lehrerkonferenz an bayerischen Schulen lediglich darüber zu entscheiden, ob ein schulischer Verwaltungsakt rechtmäßig war, wie mit Beschwerden gegen einzelne Erziehungsmaßnahmen umgegangen werden soll oder welche Veranstaltungen für das nächste Schuljahr geplant sind.[3]

Da kann man es den Kollegen eigentlich nicht verdenken, wenn sie eine solche Konferenz möglichst schnell hinter sich bringen wollen. Als Neuling sollten Sie sich diesem Rückzug in eine allgemeine Apathie aber nicht unbedingt anschließen.

Denn hier steht Ihnen ein Forum zur Verfügung, ...

- um sich **mit allen Kollegen bekannt zu machen** *(wenn Sie sich z. B. schon in der ersten Konferenz zu Wort melden und hier ihre bisherigen schulischen Erfahrungen einbringen).*
- um Ihre **Bereitschaft zur Mitarbeit zu signalisieren** *(wenn Sie sich z. B. für eine Sonderaufgabe oder für die Teilnahme an einer Projektgruppe melden).*
- um herauszufinden, wie Sie sich **innerhalb des Kollegiums positionieren** wollen *(wenn hier z. B. Konflikte zwischen Erneuerern und Blockierern ausgetragen werden).*

Ihrer ersten Konferenz an der neuen Schule sollten Sie deshalb genauso offen, aufmerksam und neugierig entgegensehen wie eine Debütantin dem bevorstehenden Opernball. Noch lässt sich an dieser ersten Begegnung mit Ihren neuen Kollegen nicht ablesen, ob Sie sich hier wohlfühlen werden. Aber eine erste Orientierung bietet Ihnen diese Konferenz allemal. Noch leichter dürfte Ihnen das fallen, wenn sich die Neulinge vorher schon einmal treffen und dann während der Konferenz bereits als Team auftreten.

TIPP

Es spricht eigentlich nur für Ihre professionelle Einstellung, wenn Sie sich bereits vor Dienstantritt ein Bild von Ihrer neuen Wirkungsstätte machen. Erkundigen Sie sich deshalb, wann die Lehrerkonferenz zum Abschluss des alten Schuljahres stattfindet, und laden Sie sich selbst zu dieser Konferenz ein. Sie können sich hier kurz vorstellen – und gleichzeitig signalisieren, dass Sie sich auf die Zusammenarbeit mit den neuen Kollegen freuen.
So können Sie dem Kollegium vermitteln, dass Sie sich auf Ihren neuen Arbeitsplatz ernsthaft einlassen wollen und Ihre Abordnung nicht nur als Zwangsverschickung betrachten.

Das erste Mal ... SEINEN PLATZ IM LEHRERKOLLEGIUM FINDEN

Deniz ist an seiner neuen Schule mit offenen Armen aufgenommen worden: Die Schulleiterin ist sichtlich froh darüber, endlich einen Lehrer mit Migrationshintergrund in ihren Reihen zu haben. 62 % der Schüler kommen aus Migrantenfamilien – da war das eigentlich längst überfällig. Mit dem unbekümmerten Charme des Anfängers nimmt Deniz vor Beginn der ersten Lehrerkonferenz auf einer der freien Sitzgelegenheiten Platz. Wenig später kommt es Deniz so vor, als nehme er ein verdächtiges Schnaufen wahr. Tatsächlich hat sich hinter ihm ein massiger Kollege aufgebaut, der den frisch gebackenen Lehrer verdächtig an „Onkel Otto" erinnert – das Werbemaskottchen des Hessischen Fernsehens. Während sich Onkel Ottos Teint ins Violette verfärbt, ringt dieser offensichtlich mit Worten: „Das hier ist mein Platz." Zu einem differenzierteren Diskurs scheint der in seiner Selbstgewissheit zutiefst erschütterte Kollege nicht mehr in der Lage. Deniz bleibt da nur ein verlegenes Lächeln – und schon hat er den ungestüm beanspruchten Platz wieder geräumt.

Tatsächlich gilt es in vielen Kollegien als Todsünde, einem alteingesessenen Lehrer seinen Stammplatz streitig zu machen. Deshalb sollten Sie sich rechtzeitig erkundigen, ob es an Ihrer neuen Schule eine verbindliche Sitzordnung gibt oder ob hier das Prinzip der freien Platzwahl herrscht. Deniz dürfte aus dieser ersten Erfahrung mit der Zickenattitüde eines patriarchalen Pädagogen gelernt haben, dass es sich bei einem Lehrerkollegium um ein kompliziertes Patchwork von Empfindlichkeiten und Eitelkeiten handelt. Dennoch wäre es grundfalsch, sich in irgendwelche Nischen zu verkriechen und sich so den kollegialen Kontakten zu entziehen. Sie werden sich an Ihrer neuen Schule nur dann einbringen können, wenn Sie immer wieder den Kontakt zu den unterschiedlichen Kolonien und Milieus ihres Kollegiums suchen. Diese Milieus haben oft ihre eigenen Treffpunkte und Rückzugsmöglichkeiten. Dazu gehören

- ☑ das **Lehrerzimmer**, wo sich die meisten Kollegen aufhalten und wo sie auf ganz unterschiedliche Stimmungslagen treffen.
- ☑ die **Kaffeeküche**, in der es so locker und kumpelhaft zugeht wie in einer Wohngemeinschaft.
- ☑ der **Arbeitsraum**, in dem sich die schweigsam vor sich hin brütenden Kollegen nicht durch irgendwelche Gespräche ablenken lassen wollen.

- die Vorbereitungsräume, wo Sie die Sport-, Musik-, Physik- und Chemiekollegen antreffen.
- die inoffizielle Raucherecke, wo man sich viel offener austauscht als im eigentlichen Lehrerzimmer.

Sie sollten sich mit der gesamten Topografie kollegialer Kontakte vertraut machen. Dann werden Sie bald herausgefunden haben, wo Sie sich selbst am wohlsten fühlen und wo Sie die Kollegen antreffen, mit denen Sie am liebsten zusammen sind. In der Regel dauert es nicht einmal ein halbes Jahr, bis sich die Neuen sortiert und auf die unterschiedlichen Milieus aufgeteilt haben.

So finden Sie fast an jeder Schule Kollegen, ...

- die hier schon seit ewigen Zeiten unterrichten. Sie identifizieren sich in einem hohen Maße mit ihrer Schule, reagieren auf Anregungen von außen eher skeptisch – ihre Neugier auf junge Kollegen ist eher gedämpft.
- die Aktiven, von deren Engagement das gesamte Schulleben zehrt. Sie übernehmen alle nur denkbaren Sonderaufgaben, führen in den Konferenzen das große Wort und trauen sich den einen oder anderen Karrieresprung zu.
- die in der Schule einen Familienersatz sehen. Sie verschönern das Lehrerzimmer mit kleinen Gesten der Heimeligkeit, lassen keinen Umtrunk und keine Feier aus und machen sich am letzten Schultag nur ganz zögerlich auf den Weg nach Hause.
- deren Lebensmittelpunkt ganz woanders liegt. Sie schweben mit flatternden Rockschößen ins Klassenzimmer und sind nach dem Unterricht auch schon wieder verschwunden – ohne den Umweg über das Lehrerzimmer zu nehmen.

Sie sollten das erste Jahr an der neuen Schule nutzen, um sich selbst auszuprobieren. Nur so können Sie herausbekommen, welcher Gruppe des Kollegiums Sie sich zugehörig fühlen und wo Sie sich innerhalb dieses sozialen Organismus verorten. Unabhängig davon sollten Sie sich an den Aktivitäten des Gesamtkollegiums beteiligen – wenn Sie nicht gänzlich abgehängt werden wollen. Solche Aktivitäten sind unverzichtbar. Denn sie sorgen dafür, dass der Lehrkörper nicht in ein unübersichtliches Nebeneinander einzelner Cliquen und Freundeskreise zerfällt. Im Verlauf eines Schuljahres werden Sie immer wieder Gelegenheit haben, an solchen gemeinsamen Aktivitäten teilzunehmen.

„UNTER UNS“

AUS DER JAHRESCHRONIK EINES LEHRERKOLLEGIUMS

22. August	Nach der ersten Lehrerkonferenz des Schuljahres geben die neu eingetretenen Kollegen ihren Einstand.
31. August	Am Freitagmittag geht eine Gruppe von Kollegen nach Unterrichtsschluss gemeinsam zum Italiener. Und das ist jede Woche so.
5. September	Von heute an findet jeweils am 1. und am 3. Mittwoch im Monat der Lehrersport statt. Hier wird Volleyball oder Badminton gespielt.
21. September	Heute endet der Unterricht schon nach der 4. Stunde, weil die Lehrkräfte an einem Kollegenausflug teilnehmen. Dabei sollen Kulturinteressierte und Genussfreunde gleichermaßen auf ihre Kosten kommen.
24. September	Am Abend kommt die GEW-Betriebsgruppe im Schülercafé zusammen, um die Personalversammlung vorzubereiten und die Weichen für die Personalratswahlen zu stellen.
5. Oktober	Am letzten Schultag vor den Ferien steigt im Lehrerzimmer eine Schüsselparty, zu der alle etwas Leckeres mitbringen. Das wird vor allen Ferien so gehandhabt.
20. November	Wegen einer Personalversammlung fällt der Unterricht ab der 6. Stunde aus. Hier geht es ausschließlich um Fragen, die mit der Arbeitssituation der Kollegen zu tun haben.

6. Dezember	Wie immer am 6. Dezember findet eine Nikolausfeier für die Kinder der Kollegen statt. Ein schwergewichtiger Kollege spielt dabei den Nikolaus.
19. Dezember	Die Kollegen, die sich bereits im Ruhestand befinden, treffen sich zu einem Stammtisch, zu dem der Personalrat einlädt.
7. Januar	Eine Lehrerin feierte in den Weihnachtsferien einen runden Geburtstag. Deshalb lädt sie die Kollegen in der großen Pause zu einem Umtrunk ein.
1. Februar	Zum Ende des Halbjahres wechselt die langjährige Schulsekretärin in den Ruhestand. Das Lehrerkollegium verabschiedet sich von ihr im Rahmen einer Feierstunde.
19./20. März	An den Schulen finden die Wahlen zum Personalrat statt – und das auf der Schul-, der Bezirks- und der Landesebene.
4. Mai	Es hat an der Schule eine lange Tradition, dass am ersten Samstag im Mai ein Familientag stattfindet, an dem auch die Partner und die Kinder der Lehrkräfte willkommen sind.
21. Mai	Vor der heißen Phase des Schuljahres mit vielen Prüfungen und Freizeitaktivitäten trifft sich die Fachgruppe Mathematik bei einem Edel-Griechen.
16. Juni	Die GEW-Betriebsgruppe veranstaltet ihre traditionelle Fahrradtour, an der sich auch ehemalige Kollegen beteiligen.
26. Juni	Am letzten Tag des Schuljahres werden die ausscheidenden Lehrkräfte vom ganzen Kollegium verabschiedet. Anschließend geben diese im Schulgarten ihren Ausstand.

Das erste Mal … EINE VERTRETUNGSSTUNDE HALTEN

Seit gestern weiß Philipp, dass er heute in der 9b eine Vertretungsstunde zu halten hat. So hatte er ausreichend Zeit, über ein geeignetes Thema nachzudenken, sich Gedanken über den Verlauf der Stunde zu machen und ein passendes Arbeitsblatt auszudrucken. „Wie gut kennst du das Jugendschutzgesetz?" – Das müsste Schüler in diesem Alter doch interessieren! Schließlich geht es hier um Rechtsfragen, mit denen die jungen Leute täglich konfrontiert sind. Doch nicht alle Schüler bekommen etwas davon mit. Fast die ganze Fensterreihe hat es nämlich vorgezogen, den Abmarsch der Pausenaufsicht abzuwarten und sich dann in der gegenüberliegenden Bäckerei mit dem überlebensnotwendigen Proviant einzudecken. Vollgepackt mit Leberkäs-Semmeln, Schoko-Croissants und Energy-Drinks trudeln die Ausreißer eine Viertelstunde später im Klassenzimmer ein. Als Philipp sie zur Rede stellt, kontern die Nachzügler mit einer scheinbar todsicheren Ausrede: „Wir haben gedacht, das hier ist eine Vertretungsstunde."

Irgendwie fällt es dem jungen Lehrer tatsächlich schwer, den Schülern daraus einen Vorwurf zu machen. Wahrscheinlich haben sie sich daran gewöhnt, dass in Vertretungsstunden kein Unterricht gehalten wird und die Schüler sich mehr oder weniger selbst überlassen sind. Das mag in der Praxis tatsächlich so gehandhabt werden. Die geltenden Vorschriften sehen das allerdings nicht ganz so locker: Sie erwarten von den Lehrkräften, dass sie auch in einer Vertretungsstunde ihren Unterrichtsverpflichtungen nachkommen. Denn eine vertretene Stunde gilt immer als eine gehaltene Stunde. Und in dieser Regelung sollten Sie nicht nur eine unnötige Schikane, sondern auch eine Chance sehen: Schließlich können Sie sich hier dem Diktat des Lehrplans entziehen, können Sie hier zum Thema machen, was Ihnen wichtig ist und was auch die Schüler interessieren sollte.

Den täglichen Vertretungsplan zu erstellen, ist Sache der Schulleitung oder eines von ihr beauftragten Kollegen. Um den Lehrkräften zusätzliche Belastungen und den Schülern überflüssige Gammelstunden zu ersparen, geht man dabei nach dem Prinzip der kollegialen Rasterfahndung vor.

So funktioniert das Prinzip der kollegialen Rasterfahndung:

- Zunächst wird überlegt, ob die Schüler alt genug sind, um sich während einer ausgefallenen Stunde selbst zu beschäftigen oder im Falle einer Randstunde früher nach Hause zu gehen. Ist das der Fall, muss eine Stunde nicht vertreten werden. Aus der Vertretungsstunde wird dann eine Freistunde.
- Andernfalls wird nach einem Kollegen gesucht, der die Klasse in einem anderen Fach unterrichtet. Er übernimmt die ausgefallene Stunde, kann hier im aktuellen Stoff fortfahren und dafür die nächste Randstunde in diesem Fach ausfallen lassen.
- Steht ein solcher Kollege nicht zur Verfügung, trifft es eine Lehrkraft, die das betroffene Fach unterrichtet – wenn auch in einer anderen Klasse. So ist gewährleistet, dass die Schüler den Anschluss an den aktuellen Lehrstoff halten und die Stunde nicht wirklich verloren geht.
- Nur dann, wenn alle diese Möglichkeiten ausgeschlossen sind, wird ein fachfremder Kollege in die Klasse beordert. Das sind dann die Stunden, in denen mancher Lehrer den Schülern anbietet, sich mit sich selbst zu beschäftigen, die aktuellen Hausaufgaben zu erledigen oder für die nächste Klassenarbeit zu lernen.

Man wird es keinem Lehrer verdenken können, wenn er sich für diese Praxis entscheidet. Denn oft tut es den Schülern gut, sich nicht schon wieder mit einem anderen Thema zu beschäftigen und an einen neuen Lehrer zu gewöhnen. Und auch die Lehrkräfte werden es zu schätzen wissen, wenn sie statt einer Freistunde eine wildfremde Klasse zu bespaßen haben. Andererseits haben Sie im Rahmen einer Vertretungsstunde die Möglichkeit, sich selbst ein Thema auszusuchen und ein Ihnen wichtiges Anliegen an die Schüler heranzutragen. Das alles funktioniert auch ohne Selbstausbeutung. Denn Sie werden im Verlauf der ersten Dienstjahre so viele Stundenentwürfe gesammelt haben, dass sich darunter bestimmt auch das Konzept einer gelungenen Vertretungsstunde findet.

TIPP

Kennzeichnen Sie in dem Ordner, in dem Sie Ihre Unterrichtsentwürfe abheften, solche Stunden jeweils mit einem roten Markierungspunkt. Sie wissen dann auf Anhieb, welches Thema sich für eine Vertretungsstunde eignet. Es bedarf dann oft nur eines Handgriffs – und Sie haben für den nächsten Tag einen passablen Stundenentwurf in der Tasche.

Es kann allerdings auch vorkommen, dass Sie erst am Morgen von einer solchen Vertretungsstunde erfahren, dass Sie also auf keinen fertigen Stundenentwurf zurückgreifen können. Hier ist Ihr Improvisationstalent gefordert. Erfahrene Kollegen schwören in diesem Zusammenhang auf das Prinzip des Schwellenunterrichts: Erst wenn sie die Schwelle des Klassenzimmers überschreiten, fällt bei ihnen die Entscheidung über das Thema der Stunde. Nach einiger Zeit sollten auch Sie sich in der Lage sehen,

- ein Streitgespräch unter den Schülern anzustoßen *(dessen Thema z. B. ein Handyverbot auf dem Schulgelände ist).*
- ein Quiz zu veranstalten *(dessen Fragen sich z. B. auf Informationen aus der aktuellen Tagespresse beziehen).*
- eine Befragung unter den Schülern durchzuführen *(bei der es z. B. um häusliche Vorschriften und Verbote geht).*
- die Schüler einem Test zu unterziehen *(um z. B. ihre Kenntnisse über die Nazi-Zeit zu überprüfen).*
- die Schüler mit Tipps zum richtigen Lernen zu versorgen *(und ihnen z. B. die Anlage einer Vokabelkartei vorführen).*

An Ihrem Umgang mit den ungeliebten Vertretungsstunden entscheidet sich auch, welcher Ruf Ihnen an der Schule vorauseilt. Wenn Sie eine Klasse sich selbst überlassen, wird man Sie für einen lockeren Lehrer halten, Ihnen aber nicht allzu viel beruflichen Ehrgeiz zutrauen.
Dass sich Philipp auf eine Stunde zum gesetzlichen Jugendschutz vorbereitet hat, wird ihm den Ruf eines engagierten Pädagogen eintragen. Und davon kann der junge Lehrer in den Folgejahren nur profitieren.

WAS NICHT UNBEDINGT IM LEHRPLAN STEHT

100 SPANNENDE THEMEN FÜR VERTRETUNGSSTUNDEN

Religion/ Ethik	Eine Gebetswand in der Klasse	Meditation für Einsteiger
	Interreligiöser Kalender	Pro und Kontra Konfirmation
	Horoskope im Selbstversuch	Schnupperkurs für Sternensinger
	Die Welt der Mandalas	Was ist eine Sekte?

Geschichte	Praxis der Ahnenforschung	Die Geschichtslügen der Neonazis
	Schnupperstunde Archäologie	Was früher geschmeckt hat
	Geschichte im Comic	Schule vor 100 Jahren
	Das Mittelalter – wie es wirklich war	Geschichte im Straßennamen
	Historische Modenschau	Verschwörungstheorien

Deutsch/Theater	Deutschland im Dialekt	Verbrannte Dichter
	E-Book oder Printausgabe?	Morsen – leicht gemacht
	Geheimsprachen – Geheimschrift	Wo kommt mein Name her?
	Jugendzeitschriften im Test	Klassiker der Werbesprache
	Unsere Lieblingsbücher	Die Tricks der Clowns
	Moderne Märchen	Impro-Theater
	Einblicke ins Poesiealbum	Pantomime
	Lexikon der Schimpfwörter	Witze richtig gut erzählen

Geografie	Bauernregeln auf dem Prüfstand	Die bunte Welt der Mineralien
	Geografie der Bundesliga	Überleben in Wüste und Busch
	Sich mit dem Kompass orientieren	Navigation mit Google Earth
	Kinder in der Dritten Welt	Öko-Knigge für den Haushalt

Wirtschaft und Recht	Bewerbungsgespräche im Rollenspiel	Der Stellenmarkt im Internet
	Das Jugendschutzgesetz	Hinter den Kulissen von Amazon
	Discounter im Preisvergleich	Wirtschaftsnachrichten verstehen
	Kundenmanipulation im Supermarkt	Rund ums Taschengeld

Fremdsprachen	Bedrohte Sprachen	Eine Stunde Esperanto
	Limericks	Italienisch für den Urlaub
	Fluchen in anderen Sprachen	Latein für Angeber
	Denglisch im Alltag	Rätsel aus dem alten Rom
	Dinner For One	

Sozialkunde / Politik	Vorurteile über Ausländer	Kinderrechte ins Grundgesetz?
	Gewalt im Stadion	Demokratie-Check für deine Schule
	Verhalten in Bedrohungs-situationen	Deine Rechte als Schüler
	Wie Hartz IV berechnet wird	Wahl-O-Mat
	Was unsere Politiker verdienen	Wahlrecht ab 16?
	Wie läuft eine Familienkonferenz ab?	

Mathematik	Römische Zahlen	Mathematik im PISA-Test
	Gehirn-Jogging für Schüler	Stochastik der Wette
	Rechnen mit dem Habakus	Sudokus – selbst gemacht
	Knobeleien – Logeleien	

Kunst / Musik / Sport	Die Welt des Tango	Unser Supertalent
	Daumenkino – selbst gemacht	Jeder kann jonglieren!
	Graffiti – Sprayen als Kunst	Nonsens-Olympiade
	Schattentheater	Eine Stunde Selbstverteidigung
	Percussion mit einfachsten Mitteln	Sportspiele ohne Sieger

Naturwissenschaften	Was bringen Diäten?	Optische Täuschungen
	Unsere Ernährungssünden	Als die Bilder laufen lernten
	Kosmetik aus der Natur	Energiesparen im Klassenzimmer
	Casting der Tierimitatoren	Konstruktion eines Papierfliegers
	Tierschutz konkret	Unerklärliche Phänomene
	Chemische Zaubereien	Küchenschrank-Physik
	Rund um den Bumerang	

Das erste Mal ... EINE PAUSENAUFSICHT ÜBERNEHMEN

An ihrem ersten Tag in der neuen Schule bekommt Kerstin eine ganze Mappe mit Informationsmaterial ausgehändigt. Darunter ist auch eine Hausordnung, die sich die junge Lehrerin noch am selben Abend pflichtschuldigst aneignet. Sie will ja wissen, was an ihrer neuen Schule erlaubt und was verboten ist.
Die Probe aufs Exempel erlebt Kerstin früher, als es ihr lieb ist: Schon während ihrer ersten Hofaufsicht registriert sie, dass sich einige Schüler vom Schulgelände entfernen, um in der Passage des angrenzenden Supermarkts eine Zigarette zu rauchen. Aber Kerstin ist rechtzeitig zur Stelle, um die jungen Leute zu stellen und ihre Rückkehr auf den Pausenhof zu veranlassen.
„Den Schülern ist es grundsätzlich verboten, sich während der Vormittagsstunden vom Schulgelände zu entfernen", weiß die neue Kollegin aus der Hausordnung zu zitieren.
Doch die jugendlichen Delinquenten wissen es besser: „Dass wir zum EDEKA gehen, ist zwar verboten – wird aber geduldet. Das halten alle Lehrer so. Und das sollten auch Sie so halten." Die mit den Gepflogenheiten der Schule scheinbar bestens vertrauten Schüler verabschieden sich von Kerstin mit einem kameradschaftlichen Klaps auf die Schulter – und trollen sich von dannen. Zurück bleibt eine eher irritierte als blamierte Junglehrerin.

Tatsächlich wird der Umgang mit der Hausordnung von Schule zu Schule sehr unterschiedlich gehandhabt. Und unter dieser Verunsicherung haben vor allem die neuen Kollegen zu leiden. Sie fühlen sich wie ins kalte Wasser getaucht, wenn sie von den Schülern Regeln einfordern, die sie selbst nur von der Papierform her kennen.

Das gilt nicht zuletzt für die unterschiedlichen Aufsichten, die im Rahmen des laufenden Schulbetriebs anfallen. Von den alten Hasen im Kollegium können Sie lernen, dass Sie sich dabei in nervigen Konflikten aufreiben, dass Sie aber auch eine ruhige Kugel schieben können.

Als eher unaufgeregte Tätigkeiten gelten z. B. ...

- die Frühaufsichten: Hier haben Sie vor Unterrichtsbeginn die Klassenzimmer aufzusperren und dafür zu sorgen, dass größere Turbulenzen ausbleiben. Angesichts einer meist noch schläfrigen Schülermeute dürfte Ihnen das keine Probleme bereiten.
- die Aufsichten während der Mittagspause: Hier beschränkt sich Ihre Tätigkeit darauf, im Schulhaus Präsenz zu zeigen. Sie haben sich hier nicht als Oberaufpasser zu gebärden, müssen aber immer ansprechbar sein – falls es irgendwo einen Streit zu schlichten gibt.
- die Mensadienste: Dabei mischen Sie sich unter die Schüler, die hier eine warme Mahlzeit einnehmen oder sich einen Pausen-Snack genehmigen. Die meisten Raufbolde und Streithammel wissen, dass sie hier nichts zu suchen haben. Und das erleichtert Ihnen die Arbeit.

Zu einem echten Härtetest aber können die Aufsichten werden, bei denen Konflikte mit dem Schülern vorprogrammiert sind. Dazu gehören ...

- die Pausenaufsichten auf den Gängen: Hier wird von Ihnen erwartet, dass Sie die Schüler mit Autorität und Überredungskunst dazu bringen, die Pausenhalle oder den Schulhof aufzusuchen. Wie beim Wettlauf von Hase und Igel sind die Schüler meist eine Spur cleverer als der Aufsicht führende Lehrkörper.
- die Aufsichten im Pausenhof: Dabei dürften Sie es mit der alltäglichen Gewalt in allen Schattierungen zu tun haben. In der Regel werden Sie erst dann geholt, wenn eine Nase blutet oder wenn ein Knie aufgeschlagen ist, um dann in detektivischer Kleinarbeit den Tathergang zu rekonstruieren.
- die Aufsichtsdienste vor dem Schulhaus: Hier haben Sie dafür zu sorgen, dass kein Schüler in der Pause das Schulgelände verlässt. In der Regel bedeutet das, sich mit einem breit gefächerten Sortiment von Ausreden auseinanderzusetzen – und blitzschnell entscheiden zu müssen, ob einem Schüler zu glauben ist oder nicht.

In der Regel werden die Aufsichten auf Zuruf verteilt. Wer sich rechtzeitig für eine Frühaufsicht oder einen Mensadienst meldet, dem bleibt so mancher Konflikt erspart. Deshalb sollten Sie nicht warten, bis die meisten Aufsichten schon vergeben sind – sondern sich von Anfang an am internen Bieterverfahren beteiligen.

Außerdem lassen sich viele Konflikte entschärfen, wenn die Hausordnung regelmäßig auf den Prüfstand gestellt und hier die eine oder andere Härte getilgt wird. So können Sie sich dafür einsetzen, dass sich die Schüler auch während der Pausen auf den Gängen aufhalten können – so wie das schon an vielen Schulen praktiziert wird. Oder Sie können beantragen, dass der Pausenhof bei Neuschnee gesperrt bleibt – Sie sich also nicht länger nicht mit irgendwelchen Schneeballwerfern anlegen müssen.
Oder Sie können anregen, dass die Schüler der höheren Klassen in den Pausen das Schulgelände verlassen dürfen – was dann aber noch mit der zuständigen Gemeindeunfallversicherung abgesprochen werden sollte. So kann Ihnen eine liberale Hausordnung dabei helfen, Ihre Aufsichten entspannt anzugehen.

Zur Entkrampfung der ungeliebten Aufsichten kann auch das Gespräch mit den Schülern beitragen. Sie müssen dann nicht den unnahbaren Aufseher markieren, der seinen gestrengen Blick über die wogenden Heerscharen schweifen lässt, sondern können sich ganz entspannt auf den einen oder anderen Plausch einlassen. Es wäre nicht das schlechteste Signal, wenn die Schüler von sich aus zu Ihnen kämen, um Sie mit Anekdoten aus dem Schulalltag zu unterhalten oder um sich mit Ihnen über die geplante Klassenfahrt auszutauschen. Die Rolle des Ansprechpartners sollte Ihnen ohnehin besser stehen als die des Aufpassers. Schließlich haben Sie eine pädagogische Sendung zu erfüllen und nicht nur dem geltenden Schulrecht Genüge zu leisten. ■

Das erste Mal … EINE ELTERNSPRECHSTUNDE ABHALTEN

Immer wenn sich Cornelia dem Lehrerzimmer nähert, muss sie sich den Weg durch ein Spalier wartender Eltern bahnen. Und immer wieder beobachtet sie, wie sich einzelne Kollegen in eine Nische zurückziehen, um hier einen aufgebrachten Vater zu besänftigen oder eine aufgelöste Mutter zu trösten. Elterngespräche scheinen an Cornelias neuer Schule vor aller Augen abgewickelt zu werden. Aber erst nach einigen Wochen entdeckt die Lehrerin, dass die Schule über ein eigenes Elternsprechzimmer verfügt. Niemand wäre deshalb gezwungen, seine Sprechstunde in stickigen Fluren oder zugigen Treppenhäusern abzuhalten. Eine Kollegin erklärt der irritierten Cornelia, warum die Sprechstunde im Stehen hier geltende Praxis ist: „Wenn sich so eine Übermutter erst einmal gesetzt hat, kriegen Sie die so schnell nicht wieder los." Als Cornelia dann zum ersten Mal ein Gespräch ins Elternsprechzimmer verlegt, sind Stühle und Tische zu einer bizarren Installation aufgetürmt. Hier scheint seit der Grundreinigung in den Sommerferien niemand mehr vorbeigeschaut zu haben.

Es ist das gute Recht der Eltern, sich regelmäßig bei den Lehrern ihrer Kinder über deren Leistungsstand und über ihre soziale Situation zu informieren. Und trotzdem gelten solche Elterngespräche unter Kollegen nicht eben als vergnügungssteuerpflichtig.

Die Kollegen klagen darüber, dass …

- ☑ einerseits die Eltern, deren Kinder Probleme machen und die deshalb von der Schule immer wieder angeschrieben werden, solche Kontaktversuche hartnäckig boykottieren.
- ☑ andererseits die Eltern, die es mit ihrer Fürsorge und ihrer Gluckenattitüde ohnehin schon übertreiben, die Möglichkeiten einer solchen Sprechstunde bis zum Äußersten ausreizen.

Das ändert nichts daran, dass besorgte Eltern immer Anspruch auf eine gewisse Willkommenskultur haben. Deshalb sollten Sie es nicht zulassen, dass Sie während Ihrer Sprechstunde in eine verwaiste Klasse beordert werden, um hier eine kranke Kollegin zu vertreten. Wenn einer Schule der Kontakt zu den Eltern wirklich wichtig ist, sollte die Sprechstunde nicht zur Manövriermasse der Stundenplaner verkommen. Zur Willkommenskultur gehört auch, dass das Gespräch mit den Eltern in einem eigens dafür vorgesehenen Raum stattfindet und dass dieser wohnlich eingerichtet ist. Denn in einer Abstellkammer lassen sich nun einmal keine ernsthaften Gespräche führen. Haben Ihnen die Eltern durch ihre Kinder ausrichten lassen, dass sie Ihre Sprechstunde aufsuchen wollen, sollten Sie dazu die entsprechenden Dokumente zur Hand haben. Denn viele Eltern haben sich für das Gespräch mit Ihnen von ihrem Arbeitgeber freistellen lassen. Das sollte von der Lehrkraft entsprechend gewürdigt werden.

Es bietet sich an, den Eltern zu Beginn einer solchen Sprechstunde erst einmal den Vortritt zu lassen: Haben sie ein besonderes Anliegen? Quält sie ein bestimmtes Problem? Haben sie etwas auf dem Herzen, was die Lehrer unbedingt wissen sollten? – Solche Fragen müssen immer vorrangig behandelt werden. Schließlich sollte sich der Gesprächsverlauf eher am Problemdruck der Eltern als an der Auskunftspflicht der Schule orientieren. Viele Eltern werden es Ihnen zu danken wissen, wenn sie das erste Wort haben: Um Ihnen von der bevorstehenden Scheidung zu berichten, um Sie über die psychischen Krankheiten ihrer Kinder zu informieren oder um mit Ihnen einen aktuellen Mobbingfall in der Klasse zu erörtern.

Aber auch das kommt vor: Dass die Eltern nicht die Sorge um einen aktuellen Konfliktfall umtreibt, sondern dass Sie sich ganz allgemein über die pädagogische Situation ihrer Sprösslinge informieren wollen. In einem solchen Fall könnte es Ihnen helfen, wenn Sie sich im Elterngespräch auf einen entsprechenden Themenkatalog beziehen können (vgl. S. 26).

Dieser Leitfaden sollte nicht Punkt für Punkt abgearbeitet werden. Denn an Ihnen liegt es, entsprechende Akzente zu setzen und die für den Einzelfall relevanten Themen herauszuarbeiten. In jedem Fall sollten die Eltern das Gefühl haben, dass hier nicht die Zeit totgeschlagen, sondern dass auf aktuelle Problemlagen konstruktiv eingegangen wird. Deshalb sollten am Schluss auch immer ganz konkrete Absprachen stehen. In diesen Absprachen wird geregelt, welchen Beitrag künftig beide Seiten zu leisten haben.

So könnten Sie den Eltern versprechen, ...

- ☑ sich für die Sitzordnung der Klasse eine neue Lösung einfallen zu lassen,
- ☑ die Schüler in die Technik des Vokabellernens einzuführen,
- ☑ die Klasse auf die Risiken sozialer Netzwerke hinzuweisen,
- ☑ einen Elternabend zu einem pädagogischen Sachthema einzuberufen.

GESPRÄCHSLEITFADEN FÜR DIE SPRECHSTUNDE

SELBSTVERSTÄNDNIS DES LEHRERS	✓ Pädagogisches Leitbild ✓ Rollenverständnis ✓ Unterrichtskonzept ✓ Methodenauswahl ✓ Rituale
SITUATION DER KLASSE	✓ Arbeitsverhalten ✓ Arbeitsatmosphäre ✓ Gruppendynamik ✓ Sozialer Zusammenhalt ✓ Spannungen ✓ Aktuelle Projekte
SOZIALVERHALTEN	✓ Freundschaften ✓ Zuverlässigkeit ✓ Teamfähigkeit ✓ Selbstständigkeit ✓ Schulstrafen
ARBEITSHALTUNG	✓ Motivation ✓ Konzentration ✓ Arbeitstempo ✓ Methodenkompetenz ✓ Mitarbeit ✓ Hausaufgaben
LEISTUNGSSTAND	✓ Schriftliche Arbeiten ✓ Mündliche Leistungen ✓ Unterrichtsbeteiligung ✓ Schulrechtliche Situation
HÄUSLICHE SITUATION	✓ Familienkonstellation ✓ Geschwister ✓ Migrationshintergrund ✓ Aktuelle Probleme
BESONDERE BELASTUNGEN	✓ Teilleistungsstörungen ✓ ADS/ADHS ✓ Krankheiten ✓ Andere Handicaps

Andererseits könnten sich die Eltern zum Abschluss eines solchen Gesprächs dazu verpflichten, ...

- regelmäßig die Hausaufgaben ihres Kindes zu überprüfen,
- auf enttäuschende Noten nicht länger nur mit Verboten zu reagieren,
- auch kleine Erfolge angemessen zu würdigen,
- sich im Konfliktfall um professionelle Hilfe zu bemühen.

In jedem Fall bietet die Sprechstunde Gelegenheit, um sich über einen Schüler und seine aktuelle Situation ausführlich auszutauschen. Damit unterscheidet sich die Sprechstunde wohltuend von der Einrichtung eines allgemeinen Elternsprechabends: Hier hält sich jeder Lehrer in einem Klassenzimmer für das Gespräch mit den Eltern bereit. Dazu müssen sich diese in die aushängenden Listen eintragen, um sich anschließend im Fünf-Minuten-Takt abfertigen zu lassen. Dass ein Elterngespräch unter solchen Bedingungen nur im Fast-Food-Format möglich ist, versteht sich von selbst. Wie bei anderen Flatrate-Veranstaltungen hetzen die Eltern durch das Schulhaus – um nur ja keinen Sprechtermin zu versäumen und in möglichst kurzer Zeit möglichst viele Informationen über ihre Kinder abzugreifen. Wenn dann der Hausmeister noch einmal seine Runde macht, um die letzten Lehrkräfte und Eltern aus den Zimmern zu vertreiben – dann hat sich in der Regel eine Menge Frust aufgestaut. Deshalb denken manche Schulen bereits darüber nach, wie sich ein solcher Elternsprechabend neu organisieren ließe. An solchen Überlegungen an Ihrer Schule sollten auch Sie sich beteiligen. ■

Das erste Mal ... AN DER SCHULE SONDERAUFGABEN ÜBERNEHMEN

Nach einer zäh dahinfließenden Eingangskonferenz atmen die Kollegen erleichtert durch, als endlich der Tagesordnungspunkt „Sonstiges" aufgerufen wird.
Hier erläutert die Schulleiterin, dass das Amt eines Medienwarts nach dem Ausscheiden der verantwortlichen Kollegin neu besetzt werden müsse.
Eine äußerst undankbare Funktion, wie sich unter den Kollegen längst herumgesprochen hat. Weil diese Tätigkeit nicht in Form von Zulagen oder Entlastungsstunden vergütet wird, ist hier vor allem Idealismus verlangt.
Eher bettelnd als fordernd schaut sich die Schulleiterin im Kreise ihrer Lehrkräfte um. Aber niemand scheint sich von dieser Form der Blickdiplomatie beeindrucken zu lassen. Da meldet sich Benedikt zu Wort. Für den Berufsanfänger ist es zwar die erste Konferenz an seiner neuen Schule, aber auf dem Terrain der Medientechnik ist er schon seit vielen Jahren unterwegs. Nach dieser mutigen Meldung muss der junge Lehrer mit anhören, wie ein Kollege dem anderen zuraunt: „Das habe ich gern: Ist an unserer Schule noch gar nicht richtig angekommen – und muss sich auch schon profilieren." Benedikt ist damit der neue Medienwart – und gleichzeitig etwas konsterniert.

Jede Schule ist ein arbeitsteiliges System: Das Schulleben kann nur funktionieren, wenn hier jeder eine besondere Aufgabe übernimmt. Oft wird jungen Kollegen geraten, mit der Übernahme einer solchen Verantwortung zu warten, bis man sich an der neuen Schule auskennt und sich einen Eindruck von den hier geltenden Strukturen und Abläufen gemacht hat. Benedikt hat sich anders entschieden – und das war gut so. Wer sich nämlich nur auf den eigenen Unterricht konzentriert, dem wird sich das Umfeld seines neuen Arbeitsplatzes nie so ganz erschließen. Durch die Übernahme einer besonderen Aufgabe haben auch junge Lehrkräfte die Chance, sich der ganzen Schule bekannt zu machen und den Radius ihres Wirkens weit über das eigene Klassenzimmer hinaus auszudehnen. Für die Schüler und für die Kollegen ist Benedikt damit nicht mehr nur „der mit der Hornbrille" oder „der mit dem Pferdeschwanz" – sondern der erste Ansprechpartner, wenn der Fernseher streikt oder wenn irgendwo ein Beamer fehlt. Insofern ist es mehr als legitim, sich auf diese Weise zu profilieren. Schließlich kommt man so mit allen Kollegen in Kontakt, kann man sich auch unter den Schülern einen Namen machen.

In der Regel ist es die Schulleitung, von der entsprechende Angebote ausgehen: Indem die Sonderaufgaben in der Lehrerkonferenz oder durch einen Anschlag im Lehrerzimmer ausgelobt werden. Oft werden Kollegen, die für eine solche Aufgabe in Frage kommen, von der Schulleitung auch direkt angesprochen. In jedem Fall sollten Sie sich das Recht herausnehmen, ein solches Angebot kritisch zu prüfen. Denn Sie selbst können am besten entscheiden, ob eine bestimmte Funktion auch wirklich zu Ihnen passt: Wer täglich gegen das Chaos im eigenen Arbeitszimmer anzukämpfen hat, sollte nicht ausgerechnet die Verantwortung für die lernmittelfreien Bücher übernehmen. Und wem theoretische Auseinandersetzungen ein Graus sind, sollte nicht ausgerechnet am neuen Leitbild der Schule mitarbeiten.

Bei der Übernahme einer pädagogischen oder organisatorischen Sonderaufgabe sollten Sie jeweils prüfen, ...

- ☑ ob Sie hier auf Ihre fachlichen Interessen und Qualifikationen zurückgreifen können. (So wäre ein Zusatzstudium im Fach Informatik eine hervorragende Grundlage für die Funktion eines Systembetreuers.)
- ☑ ob Sie hier Ihre besonderen Talente und Leidenschaften einbringen können. (So kann ein passionierter Theatergänger im Grundkurs Dramatisches Gestalten seine eigentliche Berufung finden.)
- ☑ ob Sie hier an Ihre biografischen Erfahrungen anknüpfen können. *(So gehört in den Bauausschuss der Schule, wer die guten und schlechten Zeiten eines Häuslebauers schon selbst durchgemacht hat.)*

Manche Lehrkräfte wollen nicht warten, bis Ihnen endlich eine interessante Aufgabe angeboten wird. Sie orientieren sich deshalb nicht nur am vorhandenen Funktionsschlüssel ihrer Schule – sondern entwickeln neue Aufgaben, in die sie sich mit ihren besonderen Erfahrungen, Kompetenzen und Anliegen einbringen können.

So kann eine Lehrerin, die sich in ihrer Freizeit für ökologische Projekte engagiert, eine Umwelt-AG aufbauen. So kann sich ein früherer Priester um die Aufgabe eines Schulseelsorgers bewerben. Oder so kann eine türkischstämmige Kollegin den Kurs „Mama lernt Deutsch“ betreuen. In jedem Fall hilft Ihnen eine solche Sonderaufgabe, sich mit Ihrer Persönlichkeit in die Organisation und in das pädagogische Profil Ihrer Schule einzubringen. Damit fördert die Übernahme von Sonderaufgaben jene Identifikation mit Ihrem Arbeitsplatz, die letztlich eine gute Schule ausmacht.

VERANTWORTUNG ÜBERNEHMEN – SCHULE GESTALTEN

PÄDAGOGISCHE UND ORGANISATORISCHE SONDERAUFGABEN

MITARBEIT IN GREMIEN	Schulkonferenz/Schulforum
	Pädagogischer Beirat
	Disziplinarausschuss
	Lehrmittelausschuss
	Betriebsrat/Personalrat

FUNKTIONEN UND ÄMTER	Fachbetreuer
	Sammlungsleiter
	Medienwart
	Leiter der Hausaufgabenbetreuung
	Fahrtenleiter
	Beauftragter für den Schüleraustausch
	Stufenleiter
	Vertrauenslehrer
	Frauenbeauftragte
	Jungenbeauftragter
	Suchtberater
	Beratungslehrer der Schülerzeitung
	Betreuer des Schulradios
	Leiter der Schülerlesebücherei
	Beauftragter für die lehrmittelfreien Bücher
	Beauftragter für den Jahresbericht
	Stundenplanreferent
	Systembetreuer
	Sicherheitsbeauftragter

TEILNAHME AN PROJEKTGRUPPEN	Schulentwicklungsteam/Steuergruppe
	Arbeitsgruppe „Leitbild“
	Bauausschuss
	Kriseninterventionsteam
	Fortbildungsteam
	Planungsgruppe „Projekttage“
	Projektgruppe „Sommerfest“
	GEW-Betriebsgruppe

BETREUUNG VON ARBEITS-GEMEINSCHAFTEN	Schulsanitäter
	AG Tutoren
	Schüler-Streit-Schlichter
	Schülercafé
	Theatergruppe
	Gemischter Chor
	Schulorchester
	Big-Band/Rockband
	Fahrradwerkstatt
	Fotolabor
	Erfinderwerkstatt
	AG Homepage
	Schulhausmannschaft

Das erste Mal … ZUM VERTRAUENSLEHRER GEWÄHLT WERDEN

In seinem zweiten Jahr an der Schule hat es Frank erwischt: Die Klassensprecher haben ihn zum Vertrauenslehrer gewählt. Und damit muss er sich täglich in der Kunst des Spagats üben: Er muss für die Schüler Partei ergreifen und seinen Kollegen gegenüber Loyalität beweisen. Es gibt deshalb wohl niemanden, der ihm diese Aufgabe neiden würde. Wenige Tage nach seiner Wahl möchten ihn zwei Schülerinnen einer 5. Klasse sprechen. Ihr Anliegen: „Sie sind doch jetzt der neue Lieblingslehrer. Und wir haben da ein Problem …“

Man wird es den beiden Fünftklässlerinnen nicht verübeln wollen, dass sie hier einem weitverbreiteten Vorurteil aufgesessen sind: Die Wahl des Vertrauenslehrers wird oft mit einem Votum für den beliebtesten Lehrer der Schule verwechselt. Dabei sind hier keine Popularitätswerte, sondern sehr komplexe Fähigkeiten verlangt. Denn der Vertrauenslehrer muss einen guten Draht zu den Schülern haben – er muss aber auch von den Kollegen als seriöser Gesprächspartner akzeptiert werden. Er muss sich im Dschungel des geltenden Schulrechts auskennen – aber auch über viel kommunikative Kompetenz verfügen. In einer Broschüre des Bayerischen Kultusministeriums ist nachzulesen, was es für eine Vertrauenslehrkraft ganz konkret zu tun gibt:

„Sie soll die Schüler beraten und bei Konflikten im Schulleben zwischen den beteiligten Personen vermitteln.“ [4]

Auf den ersten Blick erscheint dieses Funktionsprofil recht überschaubar. In der Praxis zeigt sich dann aber, dass es beide Aufgaben in sich haben:

1. Es sind zwar immer wieder dieselben Fragen, mit denen sich die Schüler an den Vertrauenslehrer wenden. Aber es sind immer wieder neue Klassen und neue Konstellationen, in denen sich solche Fragen stellen. So wollen die Schüler immer wieder geklärt haben, …
   - für welchen Zeitraum Hausaufgaben aufgegeben werden dürfen und welche Ausschlussfristen dafür gelten.
   - wann eine Klassenarbeit geschrieben werden darf, welchen Umfang sie haben sollte und bis zu welchem Termin sie zurückgegeben werden muss.

- welche disziplinarischen Maßnahmen nach dem geltenden Schulrecht überhaupt zulässig sind und welche Einspruchsmöglichkeiten es dagegen gibt.
- wie die Zeugnisnoten im Einzelnen gebildet werden, mit welchen Noten man in die nächste Klasse vorrucken kann und welche Ausgleichsmöglichkeiten dabei vorgesehen sind.
- wie die Lehrkräfte dazu gebracht werden können, sich einem Feedback zu stellen, und wie eine Klasse auf die Auswahl ihrer Lehrer Einfluss nehmen kann.

Hier müssen Sie sich mit den einschlägigen Bestimmungen der Schulgesetze und Schulordnungen vertraut machen, um die Schülerfragen kompetent beantworten zu können. Weil sich viele Anfragen aber wiederholen, werden Sie sich mit der komplexen Materie bald gut auskennen.

2. Erheblich mehr Zeit müssen Sie einkalkulieren, wenn Sie Konflikte zwischen Schülern und Lehrern zu moderieren haben. Auch hier haben Sie es immer wieder mit Standardsituationen zu tun, für die Sie sich mit der Zeit ein probates Lösungskonzept zulegen sollten. So wird der Vertrauenslehrer eingeschaltet, ...
   - wenn sich ein Schüler von seinem Fachlehrer ungerecht behandelt oder falsch benotet fühlt.
   - wenn sich eine Klasse durch den Zeitpunkt, den Umfang, den Schwierigkeitsgrad oder das Ergebnis einer Klassenarbeit benachteiligt fühlt.
   - wenn ein Lehrer von seinen Schülern Dinge verlangt, die von diesen als bloße Schikane erlebt werden.
   - wenn sich ein Schüler eine Schulstrafe eingehandelt hat, obwohl er sich keiner Schuld bewusst ist oder das Ausmaß der Strafe für nicht angemessen hält.
   - wenn ein Lehrer eine Äußerung gemacht hat, die von einem Schüler als diskriminierend oder als verletzend empfunden wird.

   Ihre Aufgabe ist es in solchen Fällen zunächst, den Schüler über die entsprechenden Bestimmungen des Schulrechts aufzuklären: Hat der Lehrer gegen einzelne Paragrafen verstoßen oder lediglich seinen pädagogischen Ermessensspielraum ausgenutzt? Kann sich ein Schüler gegen eine Maßnahme mit juristischen Mitteln wehren oder bleibt ihm nichts anderes übrig, als den Lehrer um Gnade zu bitten? Erst wenn die rechtliche Sachlage geklärt ist, können Sie sich um eine Beilegung des Konflikts bemühen. Um sich hier nicht den Vorwurf mangelnder Kollegialität einzuhandeln, sollten Sie von vorneherein klarstellen, dass Sie hier ein Schüler mit der anwaltschaftlichen Vertretung seiner Angelegenheit beauftragt hat. Damit übernehmen Sie ein Rollenverständnis, das sich in unserem Rechtssystem längst eingebürgert hat. Und jeder noch so uneinsichtige Kollege wird Ihnen zugestehen, dass jeder Schüler Anspruch auf einen Anwalt hat.

Oft wird der Vertrauenslehrer aber auch zurate gezogen, wenn es weder um schulrechtliche Fragen noch um pädagogische Konflikte geht. So werden Sie immer wieder mit Anfragen konfrontiert, die bei anderen besser und vor allem professioneller aufgehoben wären.

So sollten die Schüler ...

- ☑ den **Schulpsychologen** aufsuchen, wenn ihnen das Lernen schwerfällt oder wenn sie mit psychischen Problemen zu kämpfen haben.
- ☑ den **Schulsozialpädagogen** um Hilfe bitten, wenn es Probleme mit dem Elternhaus oder mit Behörden gibt.
- ☑ den **Beratungslehrer** kontaktieren, wenn es um Fragen der Schullaufbahn und der schulischen Abschlüsse geht.
- ☑ die **Schüler-Streit-Schlichter** einschalten, wenn es Spannungen innerhalb der Klasse gibt oder wenn hier ein Fall von Mobbing vorliegt.

Viele Schulleiter wollen dem Vertrauenslehrer eine zusätzliche Funktion aufdrücken: Sie würden ihn gerne als Betreuer oder gar als Aufpasser der Schülervertretung sehen. Seine Aufgabe wäre es dann, die Aktivitäten zum Valentinstag oder die Vorbereitungen des nächsten Schülerballs zu koordinieren. Und er wäre in dieser Funktion für die Organisation des Klassensprecherseminars oder für die Führung der SMV-Kasse verantwortlich. Dieses Rollenverständnis ist aber weder durch das geltende Schulrecht noch durch pädagogische Erwägungen gedeckt: Der Schülervertretung wird eine gewisse Eigenverantwortung zugestanden, weil die jungen Leute ja irgendwann einmal lernen müssen, größere Aufgaben auch ohne Gängelei und Bevormundung zu stemmen. Deshalb sollten Sie sich auf die Aufgaben eines Vertrauenslehrers konzentrieren und sich nicht als Leitwolf der Schülervertretung aufspielen – auch nicht, wenn Sie die Schulleitung noch so nett darum bittet oder wenn das an Ihrer Schule bislang gängige Praxis war. Professionalität beweist sich nicht darin, möglichst viele Aufgaben an sich zu ziehen – sondern darin, die Grenzen eigener Zuständigkeiten zu akzeptieren und diese nach außen hin zu verteidigen. ■

2

MEINE KLASSE

VERTRAUEN LERNEN

Es gibt keine Erziehung ohne Beziehung. Doch geht dieser Zusammenhang im flüchtigen Rhythmus des Schulalltags oft unter. Wer von Zimmer zu Zimmer hetzt, wer Klasse auf Klasse unterrichtet, wer Thema für Thema abwickelt – dem entgleiten die Beziehungen zu seinen Schülern. Und doch gibt es eine Ausnahme: die Klasse, die Ihnen anvertraut ist. Hier lernen Sie die Schüler mit der Zeit immer besser kennen – und hier entdecken auch diese immer neue Facetten Ihrer Persönlichkeit.
Hier durchleben Sie zusammen mit Ihren Schülern Erfolge, Abenteuer und Glücksmomente – hier müssen Sie aber auch gemeinsam Konflikte, Niederlagen und Verletzungen aushalten. Hier akzeptieren die Schüler Sie als einen Menschen, dem sie vertrauen dürfen – und hier respektieren Sie die Schüler als junge Leute, auf die Sie sich verlassen können. In Ihrer Klasse kann sich niemand auf Dauer hinter seiner angestammten Rolle verstecken.

Das erste Mal ... EINE KLASSENLEITUNG ÜBERNEHMEN

Florian hat es an ein Gymnasium in der Provinz verschlagen. Bei seinem ersten Auftritt im Lehrerzimmer klärt ihn eine ältere Kollegin auf: „So, Sie sind also der Klassenlehrer der 7a. Das dürfen Sie nicht persönlich nehmen. Klassen, die sonst keiner haben will – die heben wir immer für die Neuen auf. Wenn Sie hier erst einmal etabliert sind, können auch Sie sich was Pflegeleichteres geben lassen."

Florian wäre gut beraten, seiner ersten Klasse eine echte Chance zu geben. Denn in der Gerüchteküche des Lehrerzimmers werden auch überholte Vorurteile hoch gehandelt. Außerdem sollte er sich lieber an seine eigene Schulzeit erinnern: Damals hatte er es mit Lehrern zu tun, für die das Amt eines Klassenlehrers nur eine lästige Pflichtübung war und deren Engagement sich in irgendwelchen organisatorischen Routineaufgaben erschöpfte. Er war aber auch Klassenlehrern begegnet, die in dieser Funktion ihre pädagogische Sendung auslebten. Solche Lehrkräfte waren es gewesen, die ihn aufrichteten, wenn er sich wieder einmal im Leistungstief befand. Und ihnen hatte es seine Klasse zu verdanken, dass sich die Gruppen und Grüppchen zu einer wirklichen Gemeinschaft zusammenfanden. Florian erinnert sich an Debatten, Konflikte und Disziplinarfälle, aber auch an Wandertage, Faschingspartys und Abschlussfahrten – und im Mittelpunkt immer: die Klassenleitung. Ein solcher Klassenlehrer wäre wohl auch der 7a zu wünschen.

Grundsätzlich macht es einen Unterschied, an welcher Schulart Sie unterrichten. Denn an den Grund-, Haupt- und Förderschulen gilt das **Klassenleiterprinzip**: Hier unterrichten Sie die Schüler in den meisten Fächern selbst, sind mit ihnen also viele Stunden zusammen. Durch diese dauerhafte Präsenz ergibt sich zwischen den Schülern und ihrem Lehrer bald eine ganz enge Beziehung.

Die Realschulen, Gymnasien und Gesamtschulen sind demgegenüber nach dem **Fachlehrerprinzip** organisiert: Hier wird jedes Fach von einer anderen Lehrkraft unterrichtet und einer der Fachlehrer zusätzlich mit der Klassenleitung betraut. Dass dabei so etwas wie eine Bindung entsteht, ist keineswegs selbstverständlich, sondern jeweils vom Engagement der Beteiligten abhängig.

Wie viele andere pädagogischen Aufgaben ist auch die Klassenleitung im Spannungsfeld von Pflicht und Kür angesiedelt. Zu Ihren Pflichten als Klassenlehrer gehören dabei zahlreiche Verwaltungstätigkeiten, die Sie viel Zeit kosten und die Ihnen wenig Spaß machen werden. Es wird Sie in Ihren ersten Jahren an der Schule überraschen, mit wie viel bürokratischem Aufwand eine solche Klassenleitung verbunden ist: Da müssen die unterschriebenen Abschnitte des Elternbriefs eingesammelt und die Fehlzeiten für das erste Halbjahr zusammengezählt werden. Da haben Sie die Schüler auf den Feueralarm vorzubereiten und über die Vergabe der Schließfächer aufzuklären. Da bleibt womöglich auch noch die Verwaltung der Klassenkasse oder die Verteilung der lernmittelfreien Bücher an Ihnen hängen.

Ihre erste Sorge sollte es deshalb sein, sich von den Mühlen der Schulbürokratie nicht gänzlich aufreiben zu lassen. Das wird Ihnen nur gelingen, wenn Sie möglichst viele Verwaltungsaufgaben an die Schüler delegieren: Den Rücklauf der Elternbriefe könnte auch ein besonders zuverlässiger Schüler überwachen; und in die Einteilung der Schließfächer ließe sich die Klasse auch von den Tutoren einweisen. Niemand hindert Sie daran, zu Beginn des Schuljahres die Ämter eines Schatzmeisters, eines Sicherheitsbeauftragten oder eines Bücherwarts einzurichten und mit geeigneten Schülern zu besetzen. Dem Selbstbewusstsein der Schüler kann es nur guttun, wenn sie schon früh Verantwortung übernehmen – und Sie haben endlich den Kopf frei für die vielen pädagogischen Herausforderungen, die mit der Funktion eines Klassenlehrers ja auch verbunden sind. Das wäre dann sozusagen die Kür.

Manche Schulen haben erkannt, dass sich diese pädagogischen Aufgaben nicht so nebenbei erledigen lassen. Hier sieht der Wochenstundenplan eine eigene Klassenleiterstunde vor, in der es ausschließlich um die aktuellen Probleme und Unternehmungen der Klasse geht. Andere Schulen haben sich für ein rotierendes System entschieden: Hier muss in jeder Woche ein anderer Kollege auf seine Stunde verzichten, damit sich die Schüler mit ihrem Klassenlehrer über ihre Sorgen und Pläne austauschen können.

Im Rahmen einer solchen Klassenleiterstunde können Sie ...

- ☑ mit den Schülern über ihre anhaltende Leistungskrise sprechen.
- ☑ aktuelle Fälle von Mobbing und Gewalt zum Thema machen.
- ☑ die Schüler beraten, wenn es Probleme mit einzelnen Kollegen gibt.
- ☑ die Klasse über die Themen der Projekttage oder die Ziele des Wandertags diskutieren lassen.
- ☑ die Schüler über die bevorstehenden Fahrten oder Praktika informieren.

Ist eine solche Klassenleiterstunde an Ihrer Schule nicht vorgesehen, wird Ihnen nichts anderes übrig bleiben, als wenigstens einmal pro Woche eine Unterrichtsstunde zu opfern. Hier können Sie dann mit der Klasse alle anstehenden Probleme und Projekte besprechen. Hier erleben die Schüler Sie aber auch in einer ganz neuen Rolle: als ihren Mentor und Coach, der nicht nur eine fachliche Mission zu erfüllen, sondern sie auch durch die Höhen und Tiefen des pädagogischen Alltags zu begleiten hat.

TIPP

Die Aufgaben eines Klassenleiters sind inzwischen so umfangreich, dass sie von einer Lehrkraft alleine nicht mehr zu stemmen sind. Setzen Sie deshalb an Ihrer Schule durch, dass diese Aufgaben von einer Doppelspitze übernommen werden: dem Klassenlehrer und seinem Stellvertreter. Für die Aufgaben einer stellvertretenden Klassenleitung kommen vor allem solche Fachlehrer in Frage, die die Klasse nur wenige Stunden oder die nur einzelne Klassenteile unterrichten. Damit werden auch die Belastungen innerhalb des Kollegiums besser verteilt.

AUFGABEN DER KLASSENLEITUNG

Als Klassenlehrer haben Sie zunächst eine ganze Reihe von organisatorischen Aufgaben zu erledigen. Dazu gehört, dass Sie ...

- ☑ die Anwesenheit der Schüler kontrollieren und die Krankmeldungen überprüfen.
- ☑ darauf achten, dass die Notenlisten korrekt geführt werden und das Leistungsbild der Schüler immer abrufbar ist.
- ☑ dafür sorgen, dass die Klassenämter zuverlässig ausgeübt werden.
- ☑ außerunterrichtliche Unternehmungen, wie den Wandertag oder den Landschulheimaufenthalt, organisieren.

Noch wichtiger aber sind die pädagogischen Aufgaben, die auf Sie als Klassenlehrer zukommen. So sind Sie ...

- ☑ der erste Ansprechpartner der Schüler, wenn diese schulische oder persönliche Probleme haben.
- ☑ für die Leistungsentwicklung und für den sozialen Zusammenhalt der Klasse mitverantwortlich.
- ☑ dafür zuständig, dass die Interessen der Klasse von der Schulleitung und der Lehrerkonferenz angemessen gewürdigt werden.

Schließlich sind mit diesem Amt auch regelmäßige Kontakte verbunden. So wird von Ihnen erwartet, dass Sie ...

- ☑ sich regelmäßig bei den Fachlehrern über das Leistungsbild und über das Gesamtverhalten der Klasse erkundigen.
- ☑ die Kollegen informieren, wenn ein Schüler persönliche Probleme hat und seine Lehrer das wissen sollten.
- ☑ die Eltern über aktuelle Unternehmungen und über die pädagogische Situation der Klasse unterrichten, z. B. im Rahmen von Elternabenden.
- ☑ sich jeweils mit den Klassensprechern, den Elternvertretern und den Tutoren der Klasse austauschen.

Das erste Mal … EINE KLASSENKONFERENZ LEITEN

Noch bevor Silke auf die Jungen und Mädchen ihrer Klasse losgelassen wird, hat sie eine Klassenkonferenz hinter sich zu bringen: Dabei will sie zusammen mit den Fachlehrern ihrer Klasse das bevorstehende Schuljahr planen und mögliche Problemfälle absprechen. Im Vorfeld handelt sie sich aber gleich mehrere Absagen ein. Die Kollegen „haben einfach keine Zeit", „sind schon anderweitig beschäftigt" oder wissen „zur Zeit sowieso nicht, wo ihnen der Kopf steht."
Außerdem bekommt Silke zu hören, man sei „doch nur zwei Stunden in dieser Klasse" und hier gehe es ja ohnehin „nur um eine Klassenkonferenz".
Da ist die junge Lehrerin erst einmal bedient.

Tatsächlich gehört die Klassenkonferenz zu den dienstlichen Verpflichtungen, auf die die meisten Lehrkräfte am liebsten verzichten würden. Dabei hätten sie hier die Chance, sich untereinander auszutauschen, sich auf eine gemeinsame pädagogische Linie zu verständigen oder so manchen Frust abzuladen. Denn eine solche Konferenz ist eine der wenigen Möglichkeiten, um als Klassenleiter mit den Fachlehrern der Klasse ins Gespräch zu kommen. Damit alle an einem Strang ziehen, sind regelmäßige Klassenkonferenzen eigentlich unverzichtbar. Bei der Wahl der Themen lässt Ihnen das Schulrecht weitgehend freie Hand. So heißt es im Hamburger Schulgesetz:

„Die Klassenkonferenz berät über alle Angelegenheiten, die für die gemeinsame Arbeit in der Klasse von wesentlicher Bedeutung sind, insbesondere über die fachliche und pädagogische Koordination der Fachlehrerinnen und Fachlehrer." [5]

Der Ablauf einer Klassenkonferenz richtet sich immer nach ihrem Zweck. Dabei haben sich in der Schulpraxis vier Konferenzformen durchgesetzt:

Form	Aufgabe	Teilnehmer	Beispiel
EINGANGS-KONFERENZ	Planungen und Absprachen für das neue Schuljahr	Klassenleitung, alle Fachlehrer	Die Konferenz beschließt, mit welchem Thema sich die Klasse in der Projektwoche beschäftigen soll und welche Fächer daran beteiligt sind.
AD-HOC-KONFERENZ	Aktuelle Entwicklungen, über die alle Kollegen informiert sein sollten	Klassenleitung, alle Fachlehrer, evtl. Schulleitung	Eine Schülerin mit großen psychischen Problemen wechselt in die Klasse; darauf müssen die Lehrkräfte vorbereitet sein.
DISZIPLINAR-KONFERENZ	Fälle von Fehlverhalten, die aufgeklärt und geahndet werden sollen	Klassenleitung, alle Fachlehrer, zwei Elternvertreter, zwei Klassensprecher, evtl. Schulleitung	Zwei Schüler haben im Skilager nachts unerlaubterweise das Quartier verlassen und sind erst nach Mitternacht zurückgekehrt.
ZEUGNIS-KONFERENZ	Festsetzung der Zeugnisnoten und Fragen der Schullaufbahn	Klassenleitung, alle Fachlehrer, Schulleitung	Einer Schülerin, die auf Probe vorgerückt war, wird bescheinigt, dass sie endgültig in der Klasse bleiben darf.

Als Klassenlehrer haben Sie die Aufgabe, die Klassenkonferenz zu leiten und einen Vorschlag zur Tagesordnung auszuarbeiten.

Dabei kann die Konferenz darüber beraten, ...

- ☑ welche Regeln und Rituale in allen Fächern gelten sollen.
- ☑ wie Regelverstöße zu sanktionieren sind.
- ☑ wie es um den Leistungsstand der Klasse bestellt ist.
- ☑ welcher Umfang für die täglichen Hausaufgaben vorgesehen ist.
- ☑ wie sich die Termine der Klassenarbeiten entzerren lassen.
- ☑ wo fächerübergreifend gearbeitet werden kann.
- ☑ wie Klassenfahrt, Praktikum und Projektwoche ablaufen sollen.

Darüber hinaus haben Sie die Aufgabe, einen Termin und einen Ort für die Klassenkonferenz festzulegen. Als Ort bietet sich das Klassenzimmer an. Wenn an der Konferenz auch Elternvertreter teilnehmen sollen, werden Sie nicht vor 18.00 Uhr beginnen können. Mindestens eine Woche vorher sollten Sie die Teilnehmer schriftlich einladen und sie mit dem Entwurf einer Tagesordnung auf die Themen der Konferenz einstimmen.

TIPP

Lassen Sie sich zu Beginn des Schuljahres die E-Mail-Adressen aller Fachlehrer sowie der Elternvertreter geben! Das erleichtert die Kommunikation später ungemein.

Sie selbst sollten die Leitung der Konferenz übernehmen. Steht Ihnen ein Kollege als stellvertretende Klassenleitung zur Seite, ist dieser für das Protokoll verantwortlich. Es wird Ihnen als kollegialer Service angerechnet, wenn Sie die Konferenz auf eine Stunde begrenzen und schon in der Tagesordnung vermerken, welche Zeit Sie für die einzelnen Themen vorgesehen haben. Mit einer sorgfältigen Vorbereitung steigt auch die Akzeptanz der Klassenkonferenz. Denn die Fachlehrer haben eigentlich nichts gegen einen zusätzlichen Konferenztermin – aber sie haben ganz viel dagegen, hier nur ihre Zeit abzusitzen.

An manchen Schulen übernimmt das **Klassenforum** viele Aufgabe der Klassenkonferenz: Ein solches Klassenforum setzt sich drittelparitätisch aus Lehrern, Eltern und Schülern zusammen und kümmert sich vor allem um die pädagogische Gesamtsituation der Klasse. Darüber hinaus haben manche Schulen gute Erfahrungen mit einer **Übergangskonferenz** gemacht: Hier informieren die Lehrer des letzten Jahres ihre Nachfolger über die Eigenheiten der Klasse und über einzelne Problemfälle – damit Sie und Ihre Kollegen kein überflüssiges Lehrgeld bezahlen müssen.

4X KLASSENKONFERENZ

DIE EINGANGSKONFERENZ

TOP 1 ➔ Vorstellung der Fachlehrer
TOP 2 ➔ Umfang und Verteilung der Hausaufgaben
TOP 3 ➔ Termine für Klassenarbeiten, Vergleichsarbeiten und Abschlussprüfungen
TOP 4 ➔ Fächerübergreifendes Arbeiten, Projektwochen
TOP 5 ➔ Klassenregeln, Klassenrat, Feedback-Stunden
TOP 6 ➔ Exkursionen, Klassenfahrten, Praktika, Schüleraustausch

DIE AD-HOC-KONFERENZ

TOP 1 ➔ Neue Entwicklungen innerhalb der Klasse
TOP 2 ➔ Pädagogische Lösungsmöglichkeiten
TOP 3 ➔ Information der Schüler und Eltern

DIE DISZIPLINARKONFERENZ

TOP 1 ➔ Hinweise auf die Verschwiegenheitspflicht
TOP 2 ➔ Informationen über das Fehlverhalten
TOP 3 ➔ Schulrechtliche Würdigung
TOP 4 ➔ Stellungnahme des Betroffenen bzw. seiner Eltern
TOP 5 ➔ Festlegung einer Schulstrafe

DIE ZEUGNISKONFERENZ

TOP 1 ➔ Feststellung der Beschlussfähigkeit
TOP 2 ➔ Feststellung der Noten für das Zwischen- bzw. Jahreszeugnis
TOP 3 ➔ Unstimmigkeiten bei den Kopfnoten und Wortgutachten
TOP 4 ➔ Notenausgleich, Nachprüfung, Pflichtwiederholung, Vorrücken auf Probe, Probezeitentscheidungen

Das erste Mal ... EINEN ELTERNABEND AUSRICHTEN

Für Eylem ist es der erste Elternabend ihrer noch jungen Lehrerkarriere. Das merkt man daran, dass sie viele Fragen der Eltern nicht beantworten kann – weil sie sich an der Schule noch nicht so recht auskennt. Das merkt man aber auch daran, dass sie nicht eingreift, als die Diskussion in irgendwelchen Nebensächlichkeiten zu zerfasern droht. Trotzdem drückt ihr eine Mutter zum Abschied die Hand: „Danke, dass Sie uns zugehört haben."

Dass die Väter und Mütter im Rahmen eines Elternabends gefragt werden und dass man ihnen zuhört – das ist noch längst nicht selbstverständlich. So ist es mancherorts immer noch der Klassenlehrer, der hier das große Wort führt. Den Eltern bleibt da gar nichts anderes übrig, als sich eifrig Notizen zu machen und die eine oder andere Zwischenfrage zu stellen. So können sie nachvollziehen, wie sich ihre Kinder unter den Bedingungen des Frontalunterrichts fühlen und wie viele Bedürfnisse dabei auf der Strecke bleiben.

Gemeinsam mit den Elternvertretern werden Sie zu entscheiden haben, wie diese Veranstaltung angelegt sein soll. Sie können dabei zwischen einem **offenen Elternabend** und einem **Themenabend** wählen. Beim offenen Elternabend werden alle Themen angesprochen, die die Eltern interessieren und die auch den Lehrern ein Anliegen sind. Der Themenabend konzentriert sich auf ein bestimmtes Problem, das innerhalb oder außerhalb der Schule auftreten kann. Oft wird dazu ein Referent von außen eingeladen, denn die Eltern wollen möglichst kompetent informiert werden. Und um diese Themen könnte es dabei gehen:

DER OFFENE ELTERNABEND

- „Der aktuelle Leistungsstand Ihrer Kinder"
- „Unterrichtsausfall – nicht auf Kosten der Kinder!"
- „Immer Ärger mit den Hausaufgaben"
- „Transparent und gerecht: Prinzipien der Notengebung"
- „Große und kleine Disziplinlosigkeiten"
- „Unsere alltäglichen Klimakatastrophen"
- „Mobbing und Gewalt"
- „Lehrer, die Probleme machen"
- „Bilanz des Praktikums"
- „Die Klassenfahrt – was Sie als Eltern wissen sollten"

DER THEMENABEND

- „Wie lernt mein Kind richtig?"
- „Schlechte Noten müssen nicht sein."
- „Hilfe – mein Kind hat zu nichts mehr Lust"
- „Jungen können alles. Außer Schule"
- „Die Eltern: Hilfslehrer der Nation?"
- „Die Pubertät: Eine Geduldsprobe für die ganze Familie"
- „Fernsehen, Internet, Handy – was die Medien aus den Kindern machen"
- „Tatort Facebook"
- „Die richtige Schule für mein Kind"
- „Sich im Ausbildungsdschungel orientieren"

Darüber hinaus wird der erste Elternabend oft genutzt, um die Elternsprecher zu wählen. In diesem Zusammenhang sollten Sie sich als Klassenlehrer ganz zurücknehmen. Viele Eltern sind durchaus gremienerprobt und wissen deshalb, wie solche Wahlen durchzuführen sind.

Die Durchführung des Elternabends selbst liegt in Ihrer Verantwortung. Und deshalb werden es Ihnen die Eltern hoch anrechnen, wenn sich hier eine gute Gesprächsatmosphäre einstellt. Dazu sollten Sie die Tische in der Form eines Hufeisens aufstellen oder aus den Stühlen einen Sitzkreis bilden. So fällt es auch den eher zurückhaltenden Eltern leichter, sich zu Wort zu melden und in das Gespräch einzugreifen. Außerdem lockert es die Atmosphäre auf, wenn Sie die Eltern persönlich in Empfang nehmen und Sie mit einem Händedruck begrüßen.

Außerdem sollten Sie mit Methoden arbeiten, mit denen sich die Meinungen aller abfragen lassen. Denn es kann nicht in Ihrem Sinne sein, wenn das Gespräch nur von den besonders vorlauten Eltern bestritten wird. Hier können Sie auf das zurückgreifen, was in vielen Seminaren längst Standard ist.

Methoden wie „Fishbowl" oder „Spotlight" fördern die Gesprächsbereitschaft und beziehen auch die Stilleren mit in das Gespräch ein. Sie entlasten sich selbst, wenn Sie einen solchen Elternabend im Team vorbereiten – z. B. mit der stellvertretenden Klassenleitung oder mit den Sprechern der Klassenpflegschaft. Außerdem können Sie den Elternabend im Unterricht vorbereiten. So könnten Sie hier eine Umfrage zur pädagogischen Situation der Klasse durchführen und die Eltern mit den Ergebnissen konfrontieren. Ist das Eis erst einmal getaut, können Sie mit einer lebhaften Debatte rechnen. Denn die Schule ist auch in den meisten Familien das vorherrschende Thema. Die Eltern wissen also sehr gut, was sich in der Klasse und im Unterricht so alles tut.

Irgendwann werden sich die Eltern auch zu einzelnen Kollegen und deren pädagogischen Eigenheiten äußern wollen – ein heikler Fall, auf den Sie vorbereitet sein sollten. Hier müssen die Eltern akzeptieren, dass Sie über Abwesende grundsätzlich nicht diskutieren. Außerdem haben die Eltern ja die Möglichkeit, die betroffenen Kollegen im Rahmen ihrer Sprechstunden aufzusuchen und ihnen hier ihre Kritik vorzutragen. Andererseits steckt hinter vielen Klagen der Eltern ein strukturelles Problem, zu dem Sie durchaus Stellung beziehen können – ohne dass Ihnen das als Illoyalität oder gar als Denunziation ausgelegt werden könnte.

Über die offiziellen Elternabende hinaus findet mehrmals im Schuljahr ein **Elternstammtisch** statt. Dieser wird von den Elternvertretern organsiert und hat einen eher informellen Charakter. In der Regel wird man Sie dazu als Klassenleiter oder als Fachlehrer einladen. Solche Elternstammtische sind auch deshalb so beliebt, weil man sich hier den Frust von der Seele reden kann – ohne von einer Lehrkraft zurechtgewiesen zu werden. Hier müssen Sie selbst entscheiden, wie lange Sie sich mögliche Ausfälle gegen einzelne Lehrer anhören wollen. Und niemand wird Ihnen verübeln, wenn Sie einen Elternstammtisch vorzeitig verlassen. Man glaubt Ihnen ja, dass Sie an einem solchen Abend noch Wichtigeres zu tun haben.

CHECKLISTE FÜR DEN ELTERNABEND

DIE EINLADUNG

- ☐ Sind die Eltern rechtzeitig zum Elternabend eingeladen worden?
- ☐ Enthält die Einladung auch Hinweise auf den Wochentag, das Datum, die Uhrzeit, den Ort und das voraussichtliche Ende der Veranstaltung?
- ☐ Ist dem Schreiben an die Eltern eine Rückmeldung angehängt – und sind diese Abschnitte eingesammelt worden?

DIE VORBEREITUNG

- ☐ Sind die Fachlehrer, die Schulleitung und der Hausmeister über diesen Elternabend informiert?
- ☐ Ist die Sitzordnung so umgestellt, dass ein gutes Gespräch möglich ist?
- ☐ Ist das Klassenzimmer aufgeräumt und geputzt?
- ☐ Ist evtl. auch für Getränke und Knabberzeug gesorgt?
- ☐ Ist die Tagesordnung des Elternabends auf Folie geschrieben?
- ☐ Sind ausreichend Namenskärtchen vorhanden, um das Kennenlernen zu erleichtern?
- ☐ Liegen Wahlzettel bereit, falls an diesem Abend die Elternvertreter bestimmt werden sollen?

DER ABLAUF

- ☐ Geht während des Abends eine Liste herum, auf die sich die Eltern mit ihrer Telefonnummer und ihrer E-Mail-Adresse eintragen können?
- ☐ Wird der Abend durch eine Kennenlernrunde eingeleitet?
- ☐ Sind interaktive Methoden vorgesehen, damit sich auch wirklich alle Eltern äußern können?
- ☐ Werden die Ergebnisse des Elternabends auf einem Flipchart festgehalten?
- ☐ Wird eine Zählkommission eingesetzt, wenn an diesem Abend auch Wahlen stattfinden sollen?

DIE NACHBEREITUNG

- ☐ Können sich die Eltern im Rahmen eines Feedback-Bogens über den Verlauf des Abends äußern?
- ☐ Wird die Adressenliste anschließend vervielfältigt und an die Eltern verteilt?
- ☐ Werden die Fachlehrer über die Ergebnisse des Elternabends informiert?
- ☐ Werden die Namen der neu gewählten Elternvertreter an die Schulleitung und an den Elternbeirat weitergegeben?

Das erste Mal … EINEN KLASSENRAT VORBEREITEN

An Christians neuer Schule verbringt man die Freistunden gerne in der Kaffeeküche des Lehrerzimmers. Heute trifft der junge Lehrer dort eine Kollegin, die jetzt eigentlich in seiner Klasse Biologie hätte. Weil die Schüler aber gerade einen Vergleichstest in Englisch schreiben, kann sie sich eine Auszeit gönnen. Wenig später findet sich auch Herr X. in der Kaffeeküche ein. Auch er kann sich über eine unverhoffte Freistunde freuen: „In meiner 8d tagt gerade der Klassenrat – da bin ich nun wirklich entbehrlich."

Wenn sich Herr X da nur nicht täuscht! Zwar sollte ein Klassenrat von den Schülern selbst organisiert werden, die Anwesenheit eines Lehrers ist dafür aber dringend erforderlich. Und in der Regel ist es der Klassenlehrer, in dessen Zuständigkeit diese Form der Schuldemokratie fällt.

Der Klassenrat ist eine Erfindung der Reformpädagogik, gehört inzwischen aber an vielen Schulen zur Praxis des pädagogischen Alltags.[6] Hier lernen die Schüler, ihre Angelegenheiten selbst in die Hand zu nehmen, hier gewöhnen sie sich an die Spielregeln eines demokratischen Miteinanders. Wichtigste Voraussetzung dafür sind verlässliche Rahmenbedingungen: Der Termin, die Dauer, der Ablauf und die Rollenverteilung sind verbindlich festgelegt. Und daran sollte sich auch nichts ändern – zumindest nicht während des ersten Halbjahres. Nur so können sich die Schüler daran gewöhnen, ihre Anliegen jeweils in den Klassenrat einzubringen und die hier geltenden Regeln zu akzeptieren.

In der Themenwahl ist der Klassenrat an keinerlei Vorgaben gebunden. Was immer die Schüler beschäftigt, kann hier verhandelt werden. Das veranschaulicht eine kleine Auswahl möglicher Themen:

INTERNE VORGÄNGE	✓ Ämter und Dienste ✓ Cliquenbildung ✓ Gewalt ✓ Zustand des Klassenzimmers ✓ Lärmentwicklung	✓ Mobbing ✓ Regelverstöße ✓ Sitzordnung ✓ Umgangsformen ✓ Verhältnis von Jungen und Mädchen
PROBLEME MIT LEHRERN UND SCHULE	✓ Hausaufgaben ✓ Klassenarbeiten ✓ Mediennutzung ✓ Methodeneinsatz ✓ Notengebung ✓ Ordnungsmaßnahmen	✓ Pädagogische Stilfragen ✓ Pausenregelung ✓ Stundenplan ✓ Unterrichtsausfall
GEPLANTE PROJEKTE	✓ Exkursion ✓ Gemeinsame Freizeitaktivitäten ✓ Klassenfahrt ✓ Praktikum ✓ Projektwoche ✓ Sommerfest	✓ Sportliche Wettbewerbe ✓ Tutorenprogramm ✓ Verschönerung des Klassenzimmers ✓ Wandertag

Gerade weil der Erfolg des Klassenrats mit seiner Verlässlichkeit steht und fällt, sollten Sie die Schüler darauf sorgfältig vorbereiten: Im Rahmen einer **Einführungseinheit** erfahren diese, wie ein solcher Klassenrat abläuft, welche Ämter hier zu vergeben sind und welche Regeln für das gemeinsame Gespräch gelten sollen. Hier dürfen Sie gerne ein bisschen pedantisch auftreten, denn der Klassenrat ist eine Institution des Schullebens, an der die Schüler vor allem ihre klaren Regeln und ihre feste Struktur schätzen. So erfahren die Schüler im Rahmen eines solchen Workshops, wie sie den **Kummerkasten** im Klassenzimmer nutzen oder wie sie ihre Anliegen in das **Themenbuch** eintragen können. Außerdem werden hier die für den Klassenrat gültigen Gesprächsregeln vereinbart – die dann in Form einer Wandzeitung im Klassenzimmer aufgehängt werden.

Die Verantwortlichkeiten innerhalb des Klassenrats sind klar geregelt. Dafür werden für jede Sitzung bestimmte Ämter ausgeschrieben und besetzt. Dabei hat sich die folgende Arbeitsteilung bewährt:

DER PRÄSIDENT	leitet die Versammlung. Er ruft die einzelnen Tagesordnungspunkte auf und erteilt einzelnen Schülern das Wort. Er fasst die Ergebnisse des Klassenrats zusammen und entscheidet, wer beim nächsten Mal welches Amt übernimmt.
DIE PROTOKOLLANTEN	führen die Rednerliste und halten die Beschlüsse der Klassenrats in einer Sitzungsmitschrift fest.
DER MANAGER	sorgt dafür, dass die Stühle in Form eines Sitzkreises aufgestellt werden, dass der Kummerkasten geöffnet werden kann oder das Themenbuch zum Einsatz kommt.
DER ZEITWÄCHTER	erinnert den Präsidenten, wenn einzelne Punkte der Tagesordnung zu ausführlich besprochen werden oder wenn insgesamt nur noch wenig Zeit zur Verfügung steht.

Unmittelbar nach dem Ende der Sitzung beginnt die Vorbereitung des nächsten Klassenrats. Dazu können die Schüler kleine Botschaften in den Kummerkasten werfen, wenn sich in ihrer Klasse irgendetwas verändern soll.

Eine ähnliche Funktion erfüllt das Themenbuch, das auf dem Pult aufliegt und in das sich die Schüler mit ihren Anliegen eintragen können. Hier gibt es Kritikseiten („Mich stört, dass ..."), Anerkennungsseiten („Mir gefällt, dass ...") und Ideenseiten („Ich schlage vor, dass ..."). Auf der Basis der eingegangenen Botschaften erstellt der Präsident für die nächste Sitzung eine Tagesordnung, die er gegebenenfalls mit der Klassenleitung abspricht. Der Klassenrat startet immer mit einer Anerkennungsrunde: Hier wird vorgetragen, was den Schülern an einzelnen Mitschülern, an den Lehrkräften der Klasse oder an den Maßnahmen der Schulleitung positiv aufgefallen ist. Diese Äußerungen sollten nicht kommentiert, sondern einfach nur zur Kenntnis genommen werden. In der nächsten Runde geht es um das, was die Schüler an ihrer

Klasse, ihren Lehrern oder an der Schulorganisation auszusetzen haben. Wer dazu etwas zu sagen hat, lässt sich auf der Rednerliste eintragen. Der Präsident erteilt ihm das Wort, indem er seinem Mitschüler einen **Softball** zuwirft oder ihm einen **Sprechstein** übergibt. Macht ein Schüler in diesem Zusammenhang einen Vorschlag, muss dieser festgehalten und dem Klassenrat später zur Abstimmung vorgelegt werden. In einer letzten Runde werden diese Vorschläge dann beraten und gegebenenfalls verabschiedet. Zum Abschluss betraut der Präsident dann einzelne Mitschüler mit den beim nächsten Klassenrat zu vergebenden Ämtern.

Für die Lehrkräfte ist die Konstruktion des Klassenrats mit einer erheblichen Umstellung verbunden: Sie müssen das Feld hier ganz den Schülern überlassen und dürfen nur eingreifen, wenn die Verhandlungen aus dem Ruder laufen oder wenn gegen die vereinbarten Regeln verstoßen wird. Ansonsten sind sie hinsichtlich ihrer Rechte und Pflichten den Schülern gleich gestellt. Auch diese müssen sich an einen solchen Rollenwechsel erst gewöhnen. So ist es für manche Schüler gewöhnungsbedürftig, wenn auch Sie sich im Klassenrat zu Wort melden und sich gedulden müssen, bis Sie vom Präsidenten aufgerufen werden. Vor dem strengen Auge des Präsidenten sind eben alle gleich.

EINE AGENDA FÜR DEN KLASSENRAT

Bevor der Klassenrat seine Arbeit aufnimmt:

- ☑ die Schüler in einem Workshop mit dieser neuen Einrichtung vertraut machen
- ☑ mit ihnen zusammen Regeln für das Gespräch im Klassenrat entwickeln
- ☑ zusammen mit den Schülern ein Formular für das Sitzungsprotokoll ausarbeiten
- ☑ einen genauen Zeitpunkt festlegen, an dem künftig ein solcher Klassenrat zusammentritt
- ☑ einen Kummerkasten im Klassenzimmer anbringen oder auf dem Pult ein Themenbuch auslegen

Unmittelbar vor der Sitzung des Klassenrats:

- ☑ die Tische zur Seite räumen und in der Mitte des Klassenzimmers einen Sitzkreis bilden
- ☑ dafür sorgen, dass die Regeln für den Klassenrat gut sichtbar aufgehängt werden
- ☑ dem amtierenden Präsidenten die Tagesordnung, das Themenbuch und den Sprechstein aushändigen
- ☑ an der Tür ein Plakat anbringen: „Bitte nicht stören – Klassenrat!"

Während der Klassenrat tagt:

- ☑ nur dann einschreiten, wenn gegen eine der vereinbarten Regeln verstoßen wird
- ☑ sich wie die Schüler melden, wenn Sie etwas beizutragen haben
- ☑ sicherstellen, dass für die nächste Sitzung alle Ämter vergeben werden
- ☑ darauf achten, dass die Sitzungsmitschrift im Protokollbuch abgeheftet wird

Nachdem der Klassenrat getagt hat:

- ☑ sicherstellen, dass das Protokoll fertiggestellt und am Schwarzen Brett aufgehängt wird
- ☑ mit dem neuen Präsidenten den Ablauf der nächsten Sitzung durchsprechen
- ☑ darauf achten, dass die gefassten Beschlüsse zum Beginn des nächsten Klassenrats vorgelesen werden
- ☑ regelmäßig ein Feedback einholen, bei dem sich die Schüler zu ihren Erfahrungen mit dieser Form der Schuldemokratie äußern können

Das erste Mal ... EINE KLASSENSATZUNG AUSARBEITEN LASSEN

Bei einem GEW-Seminar hat sich Dominik von der Idee einer Klassensatzung anstecken lassen. Nach wenigen Wochen an der neuen Schule möchte er auch die Schüler seiner Klasse für dieses Projekt begeistern:
„Dann könnt ihr selbst regeln, was in dieser Klasse verboten und was erlaubt ist. Dann könnt ihr selbst bestimmen, welche Rechte und Pflichten ihr habt."
Statt der erwarteten Jubelschreie schaut Dominik in lauter ungläubige Gesichter. Und einer der Oberskeptiker aus der letzten Reihe will wissen:
„Wozu gibt es dann überhaupt noch Lehrer?"

Auch einfache Formen der Schuldemokratie sind immer mit einem Rollenwechsel verbunden: Der allgegenwärtige und allmächtige Lehrer nimmt sich selbst zurück, um den Schülern neue Möglichkeiten der Mitsprache und Beteiligung zu eröffnen. Und das fällt diesen oft schwerer als den beteiligten Lehrkräften. Dennoch sollten Sie sich auf das Projekt einer Klassensatzung einlassen. Denn hier lernen die Schüler an einem ganz konkreten Beispiel, dass Normen und Regeln keine abstrakten Vorgaben sind – sondern eine selbstbestimmte Antwort auf die Bedürfnisse der Beteiligten.

Immer wieder sind die Schüler mit Regelungen konfrontiert, wie sie in Gesetzen, Verordnungen und Erlassen niedergelegt sind. Sie wissen nicht, wie solche Vorschriften oder Verbote zustande gekommen sind. Und sie wissen in vielen Fällen auch nicht, wozu diese gut sein sollen. Entsprechend leidenschaftslos werden solche Vorgaben befolgt – oder eben auch einmal umgangen. Anders verhält es sich mit Regeln, die sich die Klasse selbst gibt: Hier erleben die Schüler, wie aus einem ganz konkreten Anlass eine Vereinbarung wird, an die sich dann alle halten. So werden auch Sie sich nicht nur auf die Paragrafen des Schulrechts oder auf die Bestimmungen der Hausordnung verlassen, wenn Sie mit Ihrer Klasse ins Schullandheim fahren. Stattdessen werden Sie mit den Schülern gemeinsam überlegen, wo es Ärger geben könnte – und mit welchen Regelungen sich dieser vermeiden ließe.

So könnten Sie mit der Klasse vereinbaren, ...

- ☑ welche Programmpunkte für alle Schüler verbindlich sein sollen – und welche nicht.
- ☑ wie weit sich die Schüler in ihrer Freizeit von der Jugendherberge entfernen dürfen.
- ☑ wann die Schüler abends auf ihren Zimmern sein müssen und ab wann absolute Ruhe herrscht.
- ☑ wie die Tisch- und Putzdienste unter den Schülern möglichst gerecht verteilt werden.
- ☑ welche Unterhaltungselektronik mitgenommen werden darf und welche besser zu Hause bleiben sollte.

Die Erfahrung zeigt: Wenn die Schüler an der Ausformulierung solcher Regeln beteiligt werden, erhöht das auch die Akzeptanz. Ein Regelverstoß bedeutet hier immer den Bruch einer Vereinbarung. Und diesem Vorwurf werden sich die Schüler nicht aussetzen wollen. Davon lebt eine solche Abmachung vor der Fahrt ins Schullandheim ebenso wie eine Klassensatzung, die für die Dauer eines ganzen Schuljahres gelten soll.

Am Beginn steht auch hier die Frage: Wo könnte es Ärger geben? Und hier können Sie sich ganz auf die Erfahrungen und auf die Fantasie Ihrer Schüler verlassen. Mit einer Themenwand können solche Erfahrungen abgefragt werden: Dazu werden an der Tafel Umschläge aufgehängt, auf denen mögliche Problemfälle aus dem Schulalltag stehen (vgl. S. 56f.).

Dazu erhält jeder Schüler sechs Zettel: Auf ihnen notiert er, welche Probleme es im Zusammenleben der Klasse geben könnte – und steckt diese Notizen in die passenden Umschläge. Die Klassensprecher lesen vor, mit welchen Konflikten im Schulalltag die Mitschüler rechnen. Gemeinsam wird dann überlegt, wie sich solche Konflikte vermeiden ließen. Auf dieser Basis werden dann Regeln formuliert, die möglichst konkret und überprüfbar sein sollen. So könnte den Schülern aufgefallen sein, dass es in fast jeder Stunde zu einem handfesten Gerangel um die besten Plätze kommt. Um eine solche Platzwahl nach dem Windhundprinzip zu vermeiden, könnte dann für die Klassensatzung formuliert werden:

„Jeder Schüler hat einen festen Platz. Dazu wird zu Beginn des Schuljahres eine verbindliche Sitzordnung festgelegt und in regelmäßigen Abständen neu verhandelt."

Vertretungen
Streiche
Gruppenarbeit
Lautstärke
Wortmeldungen
Ordnung
Gewalt
Hausaufgaben
Mobbing
Klassenzimmer
Tutoren
Pausen
Anwesenheit
Schulbücher
Sitzordnung
Klassenrat
Ausflüge
Klassensprecher
Andere Klassen
Petzen
Dienste
Arbeitsmaterial

Aus solchen Regelungen setzt sich eine Klassensatzung zusammen. Die ausgehandelte Satzung wird im Klassenzimmer in Form einer Wandzeitung aufgehängt und für jeden Schüler kopiert. Dabei muss allen Beteiligten klar sein, dass die einzelnen Bestimmungen regelmäßig auf den Prüfstand gestellt werden. Regelungen, die sich als untauglich erwiesen haben, müssen ausgetauscht oder gestrichen werden. Denn eine solche Klassensatzung sollte eher ein Prozess als ein Dogma sein.

Gerade von Außenstehenden wird immer wieder nachgefragt: „Und was ist, wenn ein Schüler gegen die gemeinsam ausgehandelten Regeln verstößt?" Manche Lehrkräfte bestehen darauf, dass in der Klassensatzung auch entsprechende Sanktionen festgeschrieben werden. Diese Praxis sollten Sie lieber nicht übernehmen. Denn das hieße ja, dass solche Verstöße künftig ganz mechanisch geahndet werden, Sie also in Ihrem Handeln nicht mehr frei sind. Eine gute Schule zeichnet sich aber auch dadurch aus, dass hier den Lehrkräften entsprechende Ermessensspielräume zugestanden werden. Im Zweifelsfall müssen Sie selbst entscheiden, was mit einem Delinquenten geschehen soll – und dabei die Schwere des Falls, die Persönlichkeit des einzelnen Schülers und mögliche Effekte für die Klassengemeinschaft sorgfältig gegeneinander abwägen. ■

© pmtavares – fotolia.com

Das erste Mal ... ZEUGNISBEMERKUNGEN FORMULIEREN

Unpersönlich, einfallslos und verlogen – so hat Sabine die Bemerkungen in Erinnerung, die über ihren eigenen Schulzeugnissen standen. Bezeichnenderweise kann sie sich heute an keine einzige dieser Formulierungen mehr erinnern. In ihrem ersten Jahr als Klassenlehrerin will sie es deshalb anders und besser machen: Sie nimmt sich ein Wochenende Zeit, um für jeden Schüler eine Zeugnisbemerkung zu formulieren, die seiner ganz eigenen Persönlichkeit gerecht wird. Wenig später wird sie zum Schulleiter zitiert, dem so viel Individualität und Kreativität negativ aufgefallen sind. Sabine muss sich anhören, ihre Bemerkungen seien „zu persönlich" und deshalb „nicht sachgerecht". Und was für den erfahrenen Schulverwalter noch viel schlimmer ist: „Damit sind diese Formulierungen nicht mehr vergleichbar." Schließlich bekommt Sabine noch einen guten Tipp mit auf den Weg: „Verwenden Sie doch die Textbausteine, die wir in unserem Notenmanager gespeichert haben. Die sind alle von einem Juristen gegengelesen. Damit sind Sie immer auf der sicheren Seite."

Die junge Lehrerin hat Recht: Zeugnisbemerkungen sollten immer auf die individuelle Situation eines Schülers eingehen, sollten die Besonderheit seiner Persönlichkeit auf den Punkt bringen. Dabei sind die vom Schulleiter empfohlenen Textbausteine keine große Hilfe. Denn diese sind in der Regel so formuliert, dass sie auf möglichst viele Schüler passen. Dadurch überwiegen hier unverbindliche Allerweltsformulierungen, mit denen die Betroffenen nicht viel anfangen können. So legt das Institut für Schulqualität und Bildungsforschung (ISB) die beeindruckende Zahl von 812 solcher Musterformulierungen vor – ohne der Individualität eines Schülers auch nur annähernd gerecht zu werden. So wird z. B. die folgende Formulierung empfohlen, um das Interesse eines Schülers am Unterrichtsgeschehen zu beschreiben:

„Er/sie folgte dem Unterricht meist aufgeschlossen, konzentriert und aufmerksam." [7]

Praxiserfahrene Lehrkräfte wissen: Diese Beschreibung gilt für ganz viele Schüler. Über die individuelle Motivation eines jungen Menschen mit ihren unterschiedlichen Ausschlägen und Gewichtungen wird hier aber nichts gesagt. Das gilt auch, wenn die Arbeitshaltung eines Schülers so charakterisiert werden soll:

„Er/sie arbeitete planvoll und konzentriert." [8]

Deshalb kann es schon einmal vorkommen, dass drei von ihrem Charakter und Temperament her sehr unterschiedliche Geschwister mit ein und derselben Zeugnisformulierung nach Hause kommen. Die Formulierungen aus der Retorte verleiten nun einmal zu einer gewissen Gleichgültigkeit.

Demgegenüber sollte jede Zeugnisbemerkung für das individuelle Profil eines Schülers ganz persönliche Worte finden. Sie sollte ...

- die Schülerpersönlichkeit in wenigen Worten charakterisieren.
- auf die schulische und persönliche Situation eines Schülers eingehen.
- seine Entwicklung während des abgelaufenen Schuljahrs nachzeichnen.
- Ratschläge enthalten, wie sich seine Situation nachhaltig verbessern ließe.
- das außerunterrichtliche Engagement eines Schülers würdigen.

In den Zeugnisbemerkungen sollte sichtbar werden, dass sich zwischen Schüler und Lehrer eine Beziehung aufgebaut hat. Sie sind die letzten Worte, mit denen sich ein Klassenlehrer nach einem gemeinsam erlebten Jahr von seinen Schülern verabschiedet. Und dazu sind die meisten Kollegen auch bereit. Nur müssen sich viele Lehrkräfte eingestehen, dass ihre Formulierungskunst dafür nicht ausreicht. Sie würden gerne die richtigen Worte finden, verfallen aber immer wieder in einen Jargon abgenutzter Formulierungen. Deshalb ist es durchaus legitim, sich hier entsprechender Hilfen zu bedienen, ohne gleich die ganze Zeugnisbemerkung abzukupfern. So hat es sich eingebürgert, dass Lehrkräfte mit ähnlichen Ansprüchen ihre Zeugnisbemerkungen untereinander austauschen. Sich hier von den sprachlichen Anregungen anderer inspirieren zu lassen, ist ein durchaus legitimes Unterfangen. Das gilt auch für die Bemerkungen früherer Jahre, auf die Sie so oder so ähnlich wieder zurückgreifen können.

TIPP

Schließlich kann Ihnen ein syntaktischer Baukasten gute Dienste leisten: Hier finden Sie modellhafte Satzkonstruktionen, in die sich Ihre individuellen Beobachtungen und Aussagen jeweils einpassen lassen. Nicht Ihre Syntax soll ja originell sein – sondern die Auswahl der Attribute, mit denen Sie Ihre Schüler charakterisieren. Und das könnten solche syntaktischen Standards sein:

- „Er/sie verfügt über ...“
- „Er/sie hat seine/ihre Lektion gelernt: Er/sie hat eingesehen, dass ...“
- „Er/sie hat inzwischen seine Probleme mit ... in den Griff bekommen.“
- „Er/sie arbeitet ..., ohne sich ...“
- „Seinen/ihren schulischen Alltag organisiert er/sie ebenso ... wie ...“
- „Innerhalb ... ist er/sie ein Aktivposten.“
- „Wegen seiner/ihrer ... und ... ist er/sie im Kreise seiner/ihrer Mitschüler anerkannt.“
- „Er/sie engagiert sich über seine/ihre schulischen Pflichten hinaus in ... und bei ...“

Durch den Rückgriff auf solche immer wieder einsetzbaren Satzgerüste können Sie dem eigenen pädagogischen Anspruch genügen, ohne sich sprachlich und stilistisch zu überfordern. Die Schüler sehen in Ihnen ohnehin eher den Pädagogen, der sein Urteil sorgfältig abwägt – als den Hobbyliterarten, der sie mit seinen sprachlichen Einfällen erschlägt.

PASSGENAU UND KREATIV

ZEUGNISBEMERKUNGEN, DIE ES AUF DEN PUNKT BRINGEN

Ayse ist ein eigenständiger und nachdenklicher junger Mensch.

Benno verfügt über ein unkompliziertes Naturell.

Cem ist ein umtriebiger und aufgeschlossener Schüler.

Dimitri hat sich mancher nervigen Angewohnheit entledigen können.

Erkan tritt inzwischen aktiver und selbstbewusster auf.

Frauke ist eine Kämpfernatur, der auch einzelne Enttäuschungen nichts anhaben können.

Georgios sollte sich nicht mit oberflächlichen Erfolgen zufriedengeben.

Hans meistert den Schulalltag mit einer Mischung aus Ehrgeiz und Schlitzohrigkeit.

Irene ließ sich auch von der einen oder anderen Enttäuschung nicht unterkriegen.

Jeanette sollte sich auch solchen Themen öffnen, die sie auf den ersten Blick weniger interessieren.

Kevin sollte auch in seinen vermeintlichen Problemfächern nicht vorschnell aufgeben.

Linda gehört zu den Aktivposten des Unterrichtsgesprächs.

Mustafa bringt sich mit pointierten Beiträgen ins Klassengespräch ein.

Nick hat das Klassenleben immer wieder mit zündenden Ideen bereichert.

Orhan hat sich kritisch und konstruktiv für eine Weiterentwicklung der Klassengemeinschaft engagiert.

Paola ist eine selbstständige und selbstbewusste Persönlichkeit.

Quirin hat seine Stellung im sozialen Gefüge der Klasse stabilisieren können.

Robert neigt hier und da zu gewissen Eigenbröteleien.

Steffen sollte nicht länger mit der Attitüde des Sonnyboys kokettieren.

Toni sollte sich vornehmen, seine Probleme mit dem Zuspätkommen im nächsten Schuljahr in den Griff zu bekommen.

Umberto zeigte auch in schwierigen Situationen ein gutes Standing.

Viola wäre für jede Klasse ein Gewinn.

Wenda lief bei den außerunterrichtlichen Unternehmungen ihrer Klasse zu großer Form auf.

Xenia sollte nicht länger abseits stehen, wenn ihre Klasse gemeinsam etwas unternimmt.

Yüksels Kontakte sind nicht auf die Schüler seiner Klasse beschränkt.

Zoe hat auch in schwierigen Situationen Zivilcourage bewiesen. ■

Das erste Mal ... EINE SITZORDNUNG FÜR DIE KLASSE FESTLEGEN

Beim Stöbern im Nachlass ihrer verstorbenen Großmutter stößt Claudia auf einen Klassiker der Kinderliteratur: Die „Häschenschule" aus dem Jahr 1924.
Schon beim ersten Blättern wird ihr bewusst, dass es hier nicht um einen Ausflug in die Ethologie des Tierreichs geht – sondern um die Schilderung des pädagogischen Alltags, wie er um diese Zeit in deutschen Klassenzimmern vorgeherrscht haben mag. Da heißt es z. B. über die Sitzordnung der Häschenschule: „Kleine Bänke stehn in Reihen,/hier zu zweien, da zu dreien./Hopphopphopp, noch ein Satz,/und sie sind auf ihrem Platz."[9]
Offensichtlich war damals manches selbstverständlich, was heute Gegenstand endloser Diskurse ist. Die junge Lehrerin erinnert sich an die immer wieder aufflackernden Debatten, die sie wegen der Sitzordnung mit ihren Schülern führen muss. Und sie denkt an den letzten Elternabend zurück, bei dem sie wieder einmal zum großen Stühlerücken gedrängt wurde.

Tatsächlich gehört die Ausarbeitung einer Sitzordnung zu den wichtigsten Aufgaben der Klassenleitung. Dabei geht es zunächst noch nicht um die Frage: „Wer sitzt neben wem?"

Anders als in der Häschenschule ist nämlich vorab zu klären, ...

- ☑ ob die Schüler einen festen Platz im Klassenzimmer haben oder ob hier das Prinzip der freien Platzwahl gelten soll.
- ☑ wie die Tische und Stühle im Klassenzimmer gestellt werden sollen, damit hier eine gute Arbeitsatmosphäre herrscht.

Erst wenn solche Grundsatzfragen entschieden sind, können Sie sich daran machen, die einzelnen Schüler innerhalb des Klassenzimmers zu platzieren. Dabei haben Sie vor allem im Kollegenkreis Überzeugungsarbeit zu leisten: Viele Fachlehrer bestehen darauf, dass die Schüler an hintereinander gestaffelten Tischreihen sitzen – so wie das lange Zeit in deutschen Klassenzimmern die Regel war. Sie verweisen dabei auf die angeblich freie Sicht zur Tafel, haben aber in Wirklichkeit nur Angst davor, dass alle andere Konstruktionen zu einer Erhöhung des Lärmpegels führen könnten. Um solche Einwände zu entkräften, könnten Sie den Fachlehrern einen Kompromiss anbieten, wie ihn die E- oder die Hakenform darstellt. In jedem Fall sollte in der Klassenkonferenz zu Beginn des Schuljahres festgelegt werden, welche Sitzordnung in Ihrer Klasse zu gelten hat. Und an diesen Beschluss werden sich alle Lehrkräfte halten müssen – auch wenn sie in Ihrem Klassenraum nur zu Gast sind.

TIPP

Hängen Sie deshalb im Klassenzimmer gut sichtbar die Bitte auf, bei jeder Zimmerübergabe die eingeführte Sitzordnung wiederherzustellen – und das am besten mit einer Bekräftigung durch die Unterschriften sämtlicher Schüler.

Die Schüler selbst dürfte noch viel mehr interessieren, wo sie innerhalb der Sitzordnung platziert werden und wer künftig neben wem sitzt. Hier gilt es zunächst, die Bedürfnisse Ihrer Schützlinge abzufragen – und das gelingt Ihnen am besten mit einem vertraulichen Fragebogen.

UMFRAGE ZUR SITZORDNUNG

Ich heiße

Mit meinem bisherigen Platz war ich ...

- ☐ sehr zufrieden.
- ☐ zufrieden.
- ☐ eher unzufrieden.
- ☐ total unglücklich.

Ich sitze lieber ...

- ☐ vorne.
- ☐ in der Mitte.
- ☐ hinten.

Ich sitze lieber ...

- ☐ in der Nähe der Tür.
- ☐ mittendrin.
- ☐ in der Nähe des Fensters.

Drei Mitschüler/innen, die ich gerne zu Nachbarn hätte:

1. ______________________________
2. ______________________________
3. ______________________________

Das spricht dafür, dass mein Wunsch bevorzugt behandelt wird:

____

____

____

____

Dann liegt es an Ihnen, eine Sitzordnung auszutarieren, bei der möglichst viele Schüler auf ihre Kosten kommen. Dabei sollten Sie zunächst klären, wer künftig wen zum Nachbarn haben soll. Dann erst kann es um die Verortung im Einzelnen gehen. Und hier werden Sie klug genug sein, um mit den Mitteln der Sitzordnung für eine möglichst ausgewogene Verteilung Ihrer Schüler zu sorgen. Jedenfalls macht es keinen Sinn, alle Störenfriede in einer bestimmten Ecke des Klassenzimmers anzusiedeln und die eher Stillen und Unauffälligen in einer anderen.

Auch hier sollte eine gute Mischung den notwendigen Ausgleich der Temperamente sicherstellen. Letztlich können Sie eine solche Sitzordnung nicht nach basisdemokratischen Prinzipien erstellen lassen. Hier stehen Sie als Klassenlehrer in der Verantwortung; und diese Verantwortung kann Ihnen niemand abnehmen. Natürlich müssen Sie dabei lange Gesichter in Kauf nehmen. Denn die meisten Schüler wollen ganz weit vorne, möglichst nahe am Fenster und dann auch noch neben dem besten Freund oder der besten Freundin sitzen. Sie können den zu erwartenden Klagen entgegenhalten, dass eine solche Sitzordnung ja nicht für alle Zeiten gilt.

So können Sie mit der Klasse vereinbaren, ...

- ☑ dass die Sitzordnung nur bis zu dem Beginn der nächsten Schulferien gelten und dann noch einmal auf dem Prüfstand gestellt werden soll. Damit können Sie ein wenig Druck aus dem Kessel nehmen.
- ☑ dass alle vier Wochen rotiert werden soll. Das kann z. B. bedeuten, dass alle Sitzreihen nach vorne rücken und die vorderste ganz nach hinten. Das kann aber auch bedeuten, dass an den Gruppentischen alle Schüler einen Platz nach links rücken.

Letztlich muss auch den Schülern einleuchten, dass eine solche Sitzordnung kein maßstabsgerechter Abdruck des gruppendynamischen Klassengefüges sein kann – sondern immer ein Kompromiss sein muss, in dem die Bedürfnisse der Schüler ebenso gewürdigt werden wie die Sachzwänge der pädagogischen Praxis.

DAS GROSSE STÜHLERÜCKEN

SECHS ERPROBTE MODELLE FÜR DIE SITZORDNUNG IM KLASSENZIMMER

Die Sitzreihen

Hier wird das Modell der „Häschenschule" weitergeführt: Die Tischreihen sind dabei so gestaffelt, dass alle Schüler freie Sicht zu Pult und Tafel haben. Diese Sitzordnung eignet sich vor allem für den lehrerzentrierten Unterricht. Entsprechend schwer fällt es hier, ein Klassengespräch zu organisieren. Denn der freie Blick auf den Rücken des Vordermanns ist nicht eben kommunikationsförderlich.

Das Hufeisen

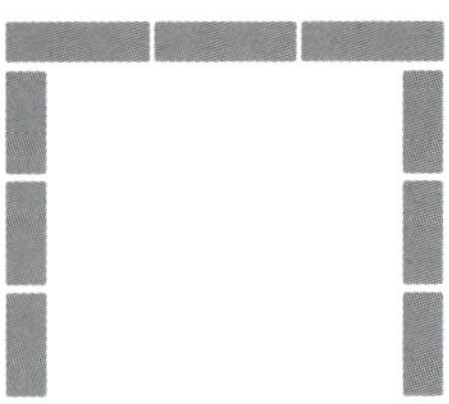

Die Schüler sitzen hier in drei Reihen, aus denen ein „U" gebildet wird. An der offenen Flanke befindet sich in der Regel das Lehrerpult. Hier dürfte es Ihnen wesentlich leichter fallen, die Schüler miteinander ins Gespräch zu bringen – ohne Ihre herausgehobene Stellung verleugnen zu müssen. Das Hufeisen ist für große Klassen eher ungeeignet. Außerdem müssen sich die Schüler hier regelrecht verrenken, wenn sie die Feinheiten des Tafelbilds mitbekommen wollen.

Die E-Form

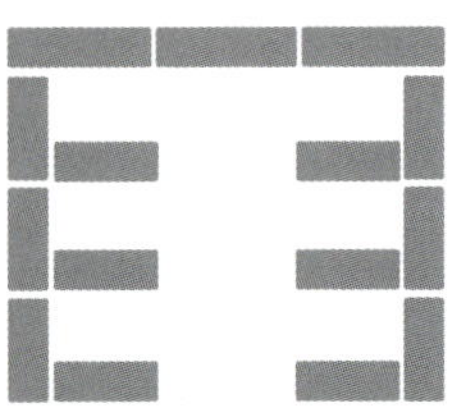

Hier wird die Grundform des Hufeisens übernommen – nur dass hier zusätzliche Tische an den Sitzreihen andocken. Damit kann diese Sitzordnung auch in großen Klassen eingesetzt werden. Auch können kurzsichtige Schüler von einem besseren Blick auf die Tafel profitieren.

Das Viereck

Diese Sitzordnung wird häufig in der Erwachsenenbildung eingesetzt. Auch sie ist für große Klassen eher ungeeignet, entlässt den Lehrer aber aus seiner zentralen Funktion für das Unterrichtsgeschehen. Denn ein Pult hätte hier keinen Platz. Besonders geeignet ist das Viereck für das Prinzip des Beweglichen Klassenzimmers, in dem Tafeln und Leinwände auf einer umlaufenden Schiene verschoben werden können.

Die Gruppentische

Zwei oder drei Tische werden zusammengestellt, sodass vier bis sechs Schüler daran Platz finden. Die einzelnen Tischgruppen sind über die Fläche des Klassenzimmers verteilt. Diese Sitzordnung wird in vielen Grundschulklassen praktiziert, weil hier der Blick auf die Tafel an Bedeutung verloren hat und dafür umso mehr in Gruppen gearbeitet wird.

Die Hakenform

Auch hier verteilen sich die Gruppentische im Klassenzimmer. Allerdings bilden bei der Hakenform zwei Tische jeweils einen rechten Winkel. Das hat den Vorteil, dass sich die Schüler nicht verbiegen müssen, wenn sie zur Tafel oder zum Whiteboard schauen wollen. So können Sie auch Schüler der höheren Klassen in Gruppen setzen und müssen für die Gruppenarbeit keine umfangreichen Räumungsaktivitäten einkalkulieren. ■

Das erste Mal ... EINEN WANDERTAG ORGANISIEREN

An die Wandertage ihrer eigenen Schulzeit hat Hanne keine gute Erinnerung. In der Regel marschierten die Lehrer bei solchen Unternehmungen vorneweg – und eine Meute unmotivierter und fußlahmer Schüler trottete hinterher. Als junge Lehrerin möchte sie solche Fehler nicht wiederholen. Deshalb will sie ihre Klasse von Anfang an mitbestimmen lassen, wenn der nächste Wandertag geplant werden soll. Der gute Vorsatz droht aber, an der Einfallslosigkeit der Schüler zu scheitern. Denn deren Fantasie reicht nicht weiter als das Angebot kommerzieller Freizeitanbieter: Sommerrodelbahn und Hochseilgarten, Freizeitpark und Filmstudio, Spaßbad und IMAX-Kino – mehr scheint ihnen dazu nicht einzufallen. So hat sich Hanne ihren ersten Wandertag jedenfalls nicht vorgestellt.

Tatsächlich müssen Sie davon ausgehen, dass Ihre Schüler dem ersten Wandertag eher abgebrüht als begeistert entgegensehen. Dabei spiegeln ihre abgeklärten Erwartungen doch nur die Enttäuschungen früherer Jahre wider. Allzu oft haben sie miterleben müssen, wie der Wandertag schon nach zwei Stunden wieder zu Ende war. Allzu oft haben sie sich damit abfinden müssen, dass es wieder einmal nur zu einem Besuch im Zoo oder zu einem Abstecher auf den nächsten Grillplatz reichte. Allzu oft haben sie zähneknirschend akzeptieren müssen, dass der Wandertag kurzerhand ins Museum oder auf den Bolzplatz verlegt wurde.

Ihre erste Aufgabe wird es deshalb sein, die eingeschlafene Begeisterung der Schüler wachzukitzeln. Und das hängt weniger vom Routenverlauf, vom Wetterbericht oder von der körperlichen Beanspruchung ab – als von den Aktivitäten, die Sie sich für diesen Tag vorgenommen haben. Deshalb sollte es Ihnen nicht reichen, die Schüler über markierte Wanderwege durch Wald und Flur zu geleiten. Denn dafür werden Sie heute niemanden mehr begeistern können. Wenn Sie aber mit Ihren Schülern in schattige Höhlen herabsteigen, wenn Sie mit ihnen den Alltag der Steinzeitmenschen nachspielen oder wenn Sie sich mit der ganzen Klasse die Inliner anschnallen – dann wird die anfängliche Reserviertheit der Schüler bald echter Begeisterung weichen.

Natürlich haben die Schüler ein Recht darauf, über das Programm des Wandertags mitzuentscheiden. Ebenso selbstverständlich sollten Sie sich die Freiheit nehmen, unrealistische, unsinnige oder nicht ganz ernst gemeinte Vorschläge mit einem Veto zu belegen. So sollten Sie den Schülern von vorneherein klarmachen, dass ein Tag im Safaripark, eine Fahrt zum Legoland oder ein Besuch des Oktoberfestes für Sie nicht in Frage kommen. Sie haben es dabei gar nicht nötig, sich hinter irgendwelchen juristischen Spitzfindigkeiten zu verstecken. Stattdessen sollten die Schüler zur Kenntnis nehmen, dass solche durchkommerzialisierten Freizeitaktivitäten mit dem Anliegen eines Wandertags nicht vereinbar sind. Ihr wichtigstes Argument: Den Freizeitspaß aus dem Katalog können die jungen Leute auch später noch buchen. Die Schule aber kann ihnen Eindrücke und Erlebnisse vermitteln, die ihnen im späteren Leben nie wieder geboten werden. Wenn es Ihnen gelingt, aus dem Wandertag einen selbstorganisierten Erlebnistag zu machen – dann werden die desillusionierenden Erfahrungen früherer Jahre bald vergessen sein. Am Ideenmangel sollten Ihre ambitionierten Erwartungen jedenfalls nicht scheitern.

WANDERTAGSIDEEN

- Baby-Triathlon
- Eine Nacht im Bunker
- Mit dem Fahrrad unterwegs
- Wandern mit GPS
- Im Labyrinth der Höhlen
- Indianertag
- Auf Inlinern durch die Natur
- Jahrmarkt der Sinne
- Kanufahren in heimischen Gewässern
- Kleinstadt-Ralley
- Land-Art
- Die Welt der Pfadfinder
- Scotland Yard – live gespielt
- Steinzeitleben
- Survival-Workshop
- Wandertag mit Übernachtung
- Unsichtbares Theater
- Unsere Stadt im Untergrund
- Wandernacht statt Wandertag
- Winter-Wandertag

Bei einigen dieser Vorschläge müssen Sie keine Überzeugungsarbeit leisten: So werden die Schüler spontan zustimmen, wenn der Wandertag auf zwei Tage ausgedehnt werden soll und wenn dabei eine Übernachtung im Selbstversorgerhaus eingeplant wird. Mit anderen Vorschlägen werden die Schüler nicht viel anfangen können. So werden Sie Ihnen erst einmal erläutern müssen, was sie sich unter **Land-Art** vorzustellen haben: die Umgestaltung der geografischen Umgebung zum Kunstwerk. Und kaum einer dürfte wissen, dass die Zuschauer beim **Unsichtbaren Theater** gar nicht wissen, dass es sich hier nur um Theater handelt. Auch muss das Erlebnispotenzial mancher Wandertagsideen den Schülern erst einmal vor Augen geführt werden. So können sie sich vielleicht nur schwerlich ausmalen, wie viel Spaß es ihnen machen dürfte, den Spieleklassiker „Scotland Yard" live in Szene zu setzen oder gemeinsam in einem Schutzbunker zu übernachten.[10]

Ob Sie mit einer Klasse von Grundschülern die großen und kleinen Geheimnisse des herbstlichen Laubwalds entdecken oder ob Sie sich zusammen mit Schülern der Oberstufe einen Tag lang als Straßenkünstler versuchen: In jedem Fall werden Sie die rechtlichen Auflagen zu erfüllen haben, wie sie für alle Wandertage und Exkursionen gelten.

- ☑ Grundsätzlich sollten Sie mit Ihren Schülern nie alleine unterwegs sein, sondern sich immer von einer Kollegin oder einem Kollegen begleiten lassen.
- ☑ Außerdem sollten Sie den Wandertag ganz offiziell eröffnen und ebenso offiziell wieder beschließen – weil alles andere außerhalb Ihrer Aufsichtspflicht liegt.
- ☑ Sie sollten die Schüler schon im Unterricht darüber aufklären, auf welchen Regeln Sie während des Wandertags bestehen müssen. Denn auch das gehört zu Ihrer Aufsichtspflicht.
- ☑ Darüber hinaus sollten Ihre Schüler wissen, dass es sich beim Wandertag um eine schulische Veranstaltung handelt – dass hier also dieselben Vorschriften und Verbote gelten wie im Schulhaus.
- ☑ Schließlich sollten Sie mit Ihren Schülern nur dann ein Freibad aufsuchen, wenn Sie selbst über einen Rettungsschein verfügen (oder wenn Sie den Wandertag vorher für beendet erklärt haben).

Damit der Wandertag Ihren Schülern tatsächlich als ein besonders erlebnisreicher Tag im Gedächtnis haften bleibt, sollten Sie diesen in der Klasse entsprechend nachbereiten: Dazu können Sie die Schüler zu einem schriftlichen Feedback einladen und dieses gemeinsam mit Ihnen auswerten. Oder Sie können die Schüler im Klassenzimmer eine Fotowand gestalten lassen – mit den schönsten Motiven dieses gemeinsam erlebten Events. Oder Sie können einen Schüler beauftragen, eine Reportage über diesen Tag für den Jahresbericht der Schule abzufassen. Denn für außergewöhnliche Wandertage dürften sich auch andere Klassen und Lehrer interessieren.

Von den Soziologen werden Ihre Schüler einer Generation von „Erlebniswaisen" zugerechnet, für die es in einer mediatisierten Umwelt kaum noch etwas zu entdecken oder zu erleben gibt. Nutzen Sie Ihren ersten Wandertag, damit diese Erlebniswaisen endlich wieder ein Zuhause bekommen!

CHECKLISTE FÜR DEN WANDERTAG

- ☐ Habe ich mich mit der Klasse darüber verständigt, was wir an diesem Wandertag miteinander vorhaben?
- ☐ Habe ich eine zweite Lehrkraft gefunden, die uns bei diesem Wandertag begleiten wird?
- ☐ Habe ich festgelegt, wohin der Wandertag führen bzw. wo er durchgeführt werden soll?
- ☐ Habe ich mich nach den Abfahrts- und Ankunftszeiten der Busse und Bahnen erkundigt?
- ☐ Habe ich mir geeignetes Kartenmaterial für diesen Wandertag besorgt?
- ☐ Habe ich die Eltern in einem eigenen Brief über die pädagogische Zielsetzung und über die technischen Daten dieses Unternehmens informiert?
- ☐ Habe ich gegebenenfalls die Einverständniserklärungen der Eltern vollständig eingesammelt?
- ☐ Habe ich zusammen mit den Schülern geregelt, welche Vorschriften und welche Verbote bei diesem Wandertag gelten sollen?
- ☐ Habe ich eine Telefonkette eingerichtet, damit die Schüler über eine mögliche Absage unterrichtet werden können?
- ☐ Bin ich die Route des Wandertags vorher schon einmal abgelaufen und habe ich den Schauplatz der geplanten Aktivitäten inspiziert?
- ☐ Habe ich sichergestellt, dass jeder Schüler Zugriff auf meine Handy-Nummer hat?
- ☐ Habe ich daran gedacht, die unbedingt notwendigen Erste-Hilfe-Utensilien einzupacken?
- ☐ Habe ich den Schülern Gelegenheit gegeben, mir ihre positiven und negativen Eindrücke von diesem Wandertag rückzumelden?
- ☐ Habe ich sichergestellt, dass ein Schüler über diesen Wandertag im Jahresbericht der Schule berichtet?

Das erste Mal … EINE KLASSENFAHRT PLANEN

„Im Nebel ruhet noch die Welt/Noch träumen Wald und Wiesen …" – Diese Zeilen kommen Erik in den Sinn, als er die Schüler seiner 6. Klasse endlich im Bus verstaut und ihre aufgedrehten Mütter auf den Bürgersteig zurückgedrängt hat. Für den jungen Gymnasiallehrer ist es die erste Klassenfahrt seiner pädagogischen Laufbahn, zu der er an diesem Montagmorgen aufbricht. Ein älterer Kollege, der sich vor dem Schulhaus gerade eine Raucherpause gönnt, gibt dem jungen Lehrer ein paar gute Wünsche mit auf den Weg: „Ich hoffe, dass Sie ganz viel Spaß im Schullandheim haben. Und erholen Sie sich gut!"

Tatsächlich tun viele Kollegen so, als handele es sich bei einer Klassenfahrt um eine bloße Verlängerung der Ferien, bei der man die Strapazen des Schulalltags hinter sich lassen kann. Und die Öffentlichkeit sieht darin ohnehin eine zusätzliche Ferienwoche. Dabei sollten gerade Lehrkräfte wissen, wie viel Stress damit verbunden ist und wie viel Verantwortung auf den beteiligten Kollegen lastet. Dennoch gehört die Klassenfahrt seit den Zeiten von Wandervogel und Zupfgeigenhansel zu den unverzichtbaren Standards des Schullebens. Und auch die beteiligten Lehrer werden trotz geschundener Nerven, gereizter Stimmbänder und kurzer Nächte nicht darauf verzichten wollen. Denn an der frischen Luft können Sie Ihren Schülern Erlebnisse vermitteln, wie sie im Mief unserer Schulhäuser einfach nicht gedeihen wollen. Außerdem erleben sich Schüler und Lehrer hier in einer ganz neuen Rolle: Von der täglichen Gängelei der Lehrpläne, Schulbücher, Prüfungen und Noten befreit, können sie wie ganz normale Menschen miteinander umgehen.

Zu Beginn des Schuljahres muss sich die Schulkonferenz jeweils auf ein Fahrtenprogramm verständigen.

Hier greift man gerne auf Angebote zurück, die an der Schule eine lange Tradition haben. Dazu gehören …

- ☑ das Schullandheim,
- ☑ das Skilager,
- ☑ der Schüleraustausch,
- ☑ die Abschlussfahrt.

Für solche Klassiker des Fahrtenprogramms spricht, dass ihr Programm weitgehend vorgegeben ist. So wissen Schüler wie Lehrer, dass im Schullandheim vor allem gewandert wird und dass die Abschlussfahrt immer mit einem Besichtigungsprogramm verbunden ist. Den Schülern und auch vielen Lehrkräften ist dieses Standardangebot aber zu wenig. Sie drängen darauf, in das Fahrtenprogramm zusätzliche Angebote aufzunehmen – um den Klassen neue Erlebnisse und Lernorte zu erschließen. Trotz der Engpässe im Schulbudget wird das Fahrtenprogramm an den meisten Schulen nicht ausgedünnt, sondern durch die eine oder andere zusätzliche Unternehmung ergänzt. Die meisten dieser innovativen Angebote sind an der Schnittstelle von Freizeit und Lernen angesiedelt:

DIE EXKURSION	Sie gilt in Fächern wie Geografie, Geschichte, Biologie oder Kunst als unverzichtbare Arbeitsmethode – und kann gerne einige Tage dauern.

DIE OUTDOOR-WOCHE	Dazu zählen Klassiker wie die Fahrradtour, das Hüttenwandern, der Kletterkurs, der Segeltörn oder das Survival-Training.

DAS PRAKTIKUM	Hier sammeln die Schüler auch in solchen Fächern Erfahrungen, die nicht zum Kanon der Schulfächer gehören – wie Archäologie, Ökologie oder Animation.

DAS SEMINAR	Außerhalb der Schule wird oft ernsthafter gearbeitet als im vertrauten Ambiente des Klassenzimmers – so bei den Besinnungstagen oder bei einem Bewerbungstraining.

DIE STÄDTEREISE	Die Berlinfahrt hat an vielen Schulen eine lange Tradition. An anderen Schulen gehört ein Aufenthalt in London oder Paris längst zum Angebot des Fremdsprachenunterrichts.

Die Klassenfahrt gilt an vielen Schulen als eine Domäne junger Lehrkräfte: Ihnen traut man zu, die mit einer solchen Fahrt verbundenen physischen und psychischen Belastungen eher wegzustecken als die im Dienst verschlissenen Kollegen.

Außerdem geht man davon aus, dass die Jüngeren besser mit den Interessen und Freizeitgewohnheiten ihrer Schüler vertraut sind. Sie können sich also darauf verlassen, dass jedes Jahr mindestens eine Klassenfahrt auf Sie zukommt. Dabei könnte für Sie zum Problem werden, dass das Konzept solcher Fahrten oft schon feststeht, Ihnen also nur wenig Gestaltungsspielraum zugestanden wird. So kann es sein, dass die Schüler im Schullandheim täglich auf Wanderschaft geschickt werden – unabhängig von deren Motivation und Kondition. Und so kann es Ihnen passieren, dass für den Aufenthalt in der Bundeshauptstadt drei Museumsbesuche vorgesehen sind – die von den Schülern dann doch nur für die unvermeidbaren Aspirinpausen genutzt werden. Hier sollten Sie Ihre Haut so teuer wie möglich verkaufen. Und das heißt: Sie sollten sich nur dann als Begleitperson zur Verfügung stellen, wenn man Ihnen bei der Programmgestaltung völlig freie Hand lässt.

So könnten Sie das eher wanderlastige Schullandheim ersetzen durch ...

- den Aufenthalt in einem Selbstversorgerhaus,
- ein Zeltlager – fernab aller Zivilisation,
- eine gemeinsame Woche auf und mit Pferden,
- Leben und Arbeiten auf dem Bauernhof,
- ein historisches Themencamp (Steinzeitleben, Indianerdorf, Ritterlager o. Ä.),
- eine gemeinsame Freizeit mit behinderten Jugendlichen.[11]

Inzwischen hat sich ein regelrechter Markt etabliert, bei dem Sie Klassenfahrten als Rundum-Pakete einkaufen können. Leider merkt man den Angeboten oft an, dass es sich hier um Erlebnisse aus der Retorte handelt. Denn die Mischung aus Routine und Geschäftssinn garantiert noch kein authentisches Abenteuer. Sie sollten deshalb auf die kommerziellen Anbieter von Klassenfahrten nur dann zurückgreifen, wenn Sie sich selbst überfordert fühlen. Das ist z. B. bei der Organisation von Auslandsreisen der Fall. Eine Trapperwoche im Thüringer Wald oder ein Überlebenstraining auf der Schwäbischen Alb sollten Sie sich aber auch ohne solchen kommerziellen Beistand zutrauen.

VORBEREITUNG EINER KLASSENFAHRT

RECHTZEITIG GEPLANT – PERFEKT ORGANISIERT

9 MONATE VORHER	Sie beantragen, dass die Klassenfahrt von der Schulkonferenz oder vom Fahrtenausschuss genehmigt wird.
9 MONATE VORHER	Sie suchen sich einen Kollegen oder eine Kollegin, der/die Sie bei der Vorbereitung und Durchführung der Klassenfahrt unterstützt.
8 MONATE VORHER	Sie verständigen sich mit der Klasse über das Ziel, den Zeitpunkt und den Umfang der Klassenfahrt.
8 MONATE VORHER	Sie suchen eine Unterkunft für Ihre Klasse – und spannen dafür auch die Schüler ein.
6 MONATE VORHER	Sie buchen eine Gruppenreise bei der Deutschen Bahn oder suchen sich unter den Angeboten verschiedener Busunternehmen das günstigste aus.
4 MONATE VORHER	Sie klären, wie bedürftige Schüler mit einem Zuschuss des Förderverbands unterstützt werden können.
3 MONATE VORHER	Sie reichen für sich und die Begleitperson einen Antrag auf Reisekostenerstattung ein und klären, ob für alle Schüler Versicherungsschutz besteht.
3 MONATE VORHER	Sie informieren die Eltern der Schüler in einem Brief über die geplante Klassenfahrt und über die damit verbundenen Kosten.
2 MONATE VORHER	Sie sprechen mit den Schülern das Programm der Klassenfahrt ab und vereinbaren mit ihnen, welche Regeln hier für alle gelten sollen.
2 MONATE VORHER	Sie besuchen das Quartier, das sie für die Klasse gebucht haben, und informieren sich vor Ort über die Besichtigungs- und Freizeitmöglichkeiten.

1 MONAT VORHER	Sie sammeln die Einverständniserklärungen der Eltern ein und überprüfen, ob inzwischen alle Zahlungen auf Ihrem Fahrtenkonto eingegangen sind.
2 WOCHEN VORHER	Sie klären mit der Schulleitung ab, was mit den Schülern geschehen soll, die an der Klassenfahrt nicht teilnehmen werden.
2 WOCHEN VORHER	Sie regeln im Rahmen einer Klassenleiterstunde die Verteilung der Zimmer.
1 WOCHE VORHER	Sie besorgen die Gruppenkarten für Busse und Bahnen oder vereinbaren mit dem Busunternehmen einen gemeinsamen Treffpunkt.
1 WOCHE VORHER	Sie legen eine Liste der Schüler an, die unter Allergien oder unter chronischen Krankheiten leiden.
1 WOCHE VORHER	Sie besorgen sich aus den Beständen der Schule einen Erste-Hilfe-Koffer, Sportgeräte, Gesellschaftsspiele und Literatur für die abendlichen Gruselrunden.
1 WOCHE VORHER	Sie lassen sich von allen Schülern die Handy-Nummer geben und stellen sicher, dass auch Sie von den Eltern immer erreicht werden können.
1 WOCHE DANACH	Sie fragen im Rahmen einer Feedback-Stunde ab, wie die Schüler die gemeinsame Klassenfahrt erlebt haben und welche Eindrücke bei ihnen hängen geblieben sind.
1 WOCHE DANACH	Sie formulieren für die Schule einen Erfahrungsbericht, der im Fahrtenordner abgeheftet wird und aus dem sich nachfolgende Kollegen informieren können.

Das erste Mal ... EINEN BEITRAG ZUM SOMMERFEST VORBEREITEN

Seinen Dienst an der neuen Schule wird Patrick erst im September antreten. Er ist aber jetzt schon eingeladen, am Sommerfest der Erich-Kästner-Schule teilzunehmen und sich so einen Eindruck von seiner künftigen Wirkungsstätte zu verschaffen. Was Patrick hier aber erwartet, ist weniger ein Vorgeschmack kommender Ereignisse als eine Rückschau alter Erinnerungen. Denn er erlebt dieses Sommerfest als ein Remake vergangener Schülertage: Vom Mäuseroulette über die Mohrenkopfschleuder bis zur Mini-Playback-Show: Alles, was die Schüler seiner neuen Schule mit viel Liebe zum Detail auf die Beine gestellt haben, hat Patrick so oder ähnlich auch auf den Sommerfesten seiner eigenen Schulzeit erlebt. Nichts erscheint so langlebig wie das Ideenrepertoire, aus dem sich die Bespaßungsrituale schulischer Feste und Feiern speisen.

Es ist nicht zu übersehen, dass die Sommerfeste vieler Schulen auf der Stelle treten und dass innovative Ideen hier Mangelware sind. Dennoch ist das Sommerfest aus dem Eventkalender unserer Schulen einfach nicht wegzudenken. Denn wann haben Schüler, Eltern und Lehrer sonst schon Gelegenheit, miteinander zu feiern und die Belastungen des Schulalltags ganz weit hinter sich zu lassen? In der zwanglosen Atmosphäre eines solchen Festes kann man ganz unverklemmt miteinander umgehen. Und so mancher Schüler, der seinen Lehrer beim großen Bobby-Car-Rennen überholt hat, wird diesem anschließend umso entspannter gegenübertreten.

Jedes Sommerfest mag sein besonderes Profil haben – und doch sind es immer dieselben Bausteine, die seinen Erfolg gewährleisten.

BAUSTEINE FÜR EIN ERFOLGREICHES SOMMERFEST

BÜHNE	Für die Vorführungen einzelner Klassen wird auf dem Pausenhof eine Bühne errichtet, zu der sich viele Gäste hingezogen fühlen.
DISCO	In der Turnhalle können die Schüler nach Herzenslust abtanzen. Hier hat aber auch die Schülerband ihren ersten großen Auftritt.
GASTRONOMIE	Damit niemand verhungern oder verdursten muss, wird ein Areal für die Bewirtung der Gäste freigehalten.
KINDERBETREUUNG	Für die jüngeren Geschwister wird eine eigene Fläche zum Spielen und Toben eingerichtet, wo die Kleinen von älteren Schülern betreut werden.
KINO	Im Filmsaal der Schule haben die Klassen Gelegenheit, selbst gedrehte Filme und Videoinstallationen vorzuführen.
MARKT DER MÖGLICHKEITEN	Den größten Anteil des Festgeländes nimmt eine Budenstadt ein. Hier werden von den einzelnen Klassen Dienstleistungen angeboten, hier wird aber auch Selbstgemachtes verkauft.

Als Klassenleiter haben Sie mit den Schülern darüber zu beraten, mit welchem Beitrag sich Ihre Klasse am Sommerfest beteiligen will. Dazu sollten Sie zunächst ein Brainstorming ansetzen, bei dem jeder Vorschlag willkommen ist und keine Idee abgeschmettert werden darf. Ein Glücksfall wäre es, wenn der Beitrag der Klasse das aufgreifen könnte, was die Schüler im Unterricht erarbeitet oder außerhalb des Unterrichts gemeinsam erlebt haben. So könnten die Schüler im Geschichtsunterricht auf die Idee kommen, die Besucher mit dem Schönheitsstudio „Kleopatra" zu überraschen. Oder sie könnten sich im Fach Physik dazu anregen lassen, eine Galerie der „Optischen Täuschungen" zu eröffnen. Ergebnis eines solchen Brainstormings sollte immer ein Projekt sein, hinter dem die ganze Klasse steht. Dabei kann es sich um einen Stand handeln, mit dem die Klasse beim Markt der Möglichkeiten vertreten ist, oder um einen Beitrag zum Bühnenprogramm, der vorher im Unterricht einstudiert wurde.

In jedem Fall sollte vor dem Sommerfest ein ganzer Vormittag frei gehalten werden, damit die Schüler ihren Stand dekorieren oder ihren Bühnenauftritt noch einmal proben können. Für einen solchen **Werktag** müssen die Kollegen auf ihre Stunden verzichten, wozu sie unmittelbar vor den Sommerferien i.d.R. auch gerne bereit sind. Als Klassenlehrer haben Sie auch dafür zu sorgen, dass die Arbeit während des Sommerfests nicht an einigen wenigen Schülern hängen bleibt. Ohne Ihre ordnende Hand werden manche nämlich lieber über den Festplatz flanieren als sich am Stand ihrer Klasse nützlich zu machen oder hinter den Kulissen für einen reibungslosen Ablauf zu sorgen.

TIPP

Handeln Sie schon vorher mit Ihren Schülern einen verbindlichen Dienstplan aus. Hier wäre festzuhalten, welche Schüler sich für welche Aktivitäten gemeldet haben und wann ihr Einsatz vorgesehen ist. Dabei sollten Sie auch daran denken, dass zum Einsatz der Schüler auch das Auf- und Abbauen gehört. Sonst kann es nämlich passieren, dass Sie nach dem Sommerfest ganz alleine dastehen und die Reste des Klassenauftritts beseitigen dürfen.

An vielen Schulen werden die sommerlichen Lustbarkeiten von einem eigenen **Festausschuss** vorbereitet. Jüngeren Lehrkräften bietet sich hier eine günstige Gelegenheit, um ihre neue Schule besser kennenzulernen und Verantwortung für das Schulleben zu übernehmen. In dieser Funktion wird von Ihnen auch erwartet, dass das Sommerfest nicht in traditionellen Abläufen erstarrt. Schüler, Eltern und Lehrer wünschen sich ein lebendiges Fest. Und das bedeutet, dass immer wieder neue Akzente gesetzt werden.

In diesem Sinne könnten Sie sich im Festausschuss dafür einsetzen, …

- ☑ dass das Sommerfest als Benefiz-Veranstaltung aufgezogen und dass im Rahmen des Programms auch über diesen guten Zweck informiert wird.
- ☑ dass das gesamte Fest unter ein bestimmtes Thema gestellt wird. So kann das Sommerfest als mittelalterlicher Jahrmarkt organisiert werden oder sich ganz der Kultur Afrikas widmen.
- ☑ dass das Sommerfest auch die ehemaligen Schüler anspricht und sich die Altschüler daran mit eigenen Aktivitäten beteiligen.
- ☑ dass das Sommerfest im Anschluss an die Projekttage stattfindet und dass hier die Ergebnisse der einzelnen Projektgruppen in das Festprogramm eingehen.
- ☑ dass aus dem Sommerfest an Ihrer Schule ein Winterfest wird, weil es in der warmen Jahreszeit oft zu einer Inflation solcher Feste kommt und Kinder wie Eltern dieses Überangebot als bloßen Stress erleben.
- ☑ dass Ihre Schule ein gemeinsames Sommerfest mit einer Behinderteneinrichtung oder einem Seniorenheim ausrichtet.
- ☑ dass das Sommerfest als ein Stadtteilfest gefeiert wird und dass hier alle Nachbarn eingeladen sind, sich als Mitwirkende oder als Besucher zu beteiligen.

Kennzeichen einer guten Schule ist, dass sich Schüler, Eltern und Lehrer mit dieser identifizieren können. Das Sommerfest kann dazu beitragen, diese Identifikation zu fördern. Mit den üblichen Allerweltsaktivitäten aber lässt sich ein solcher Anspruch nicht einlösen. Dazu bedarf es schon eines Angebots, das dem unverwechselbaren Profil einer Schule entspricht und das sich deshalb von dem aller anderen Sommerfeste unterscheidet.

IDEEN FÜR DAS SOMMERFEST

- Angelspiele
- Balanciergarten
- Castingshow
- Flohmarkt
- Geschicklichkeitsspiele
- Handwerkermarkt
- Kinderbetreuung
- Kraftstudio
- Losbude
- Massagesalon
- Fahrradparcours
- Bobby-Car-Rennen
- Schminkstudio
- Sketche
- Sportakrobatik
- Streetdance
- Tombola
- Waffelparadies
- Wettrennen
- Zaubern
- Babyfotos der Lehrer
- Blindbar
- Alkoholfreie Cocktails
- Geisterbahn
- Glücksrad
- Karaoke
- Kletterwand
- Labyrinth
- Männerballett
- Modenschau
- Popcorn-Manufaktur
- Schießbude
- Schülerkabarett
- Spielcasino
- Staffeln
- Tastkino
- Verkaufsstand
- Wahrsagerin
- Wurfbude

Das erste Mal … MIT DER KLASSE WEIHNACHTEN FEIERN

Bis zum letzten Tag vor den Ferien hat Kerstin nicht herausgefunden, wie an ihrer neuen Schule eigentlich Weihnachten gefeiert wird. Offensichtlich ist es hier dem einzelnen Lehrer freigestellt, wie viel Lichterglanz und Plätzchenduft er in seinen Unterrichtsstunden zulässt.
Ausgerechnet an diesem letzten Tag ist Kerstin auch noch als Vertretung in einer 9. Klasse eingesetzt. Das Bild, das sich der jungen Lehrerin hier bietet, erinnert nur bedingt an das landläufige Panorama weihnachtlicher Bräuche:
Die Schüler lümmeln auf ihren Plätzen herum, über den Monitor flimmert ein amerikanischer Blockbuster, einige Jungen nuckeln an ihren Energy-Drinks, während die meisten Mädchen mit ihrem Handy beschäftigt sind. Als die Klasse Kerstins fragenden Blick wahrnimmt, erläutert ihr die Klassensprecherin selbstbewusst: „Wir sind gerade mitten in der Weihnachtsfeier."

Diese Szene offenbart die ganze Hilflosigkeit, der wir Lehrer uns in den letzten Tagen vor den Weihnachtsferien ausgesetzt sehen: Wir wollen mit unseren Klassen das wichtigste Fest des Jahres feiern, ohne dabei auf die abgegriffenen Rituale der weihnachtlichen Traditionspflege zurückzugreifen. Und diesem Dilemma kann sich keine Lehrkraft entziehen. An den meisten Schulen ist für den letzten Tag vor den Weihnachtsferien vorgesehen, dass die einzelnen Klassen in ihren Zimmern miteinander feiern – bevor sich dann vielleicht alle unter dem großen Christbaum in der Pausenhalle oder im Foyer versammeln.

Damit diese Feiern in und mit der Klasse nicht aus dem Ruder laufen, sollten Sie zusammen mit Ihren Schülern auf die folgenden Fragen (s. S. 84) eine Antwort finden.

1. WIE SOLL DAS KLASSENZIMMER DEKORIERT WERDEN?

Im funktionsgerechten und oft etwas abgegriffenen Ambiente des Klassenzimmers wird niemand gerne feiern wollen. Deshalb werden die Tische zu Sitzgruppen zusammengerückt und mit allerlei weihnachtlichem Tand geschmückt. Mit Kerzenhaltern, Girlanden oder Pyramiden aus der elterlichen Weihnachtskiste lässt sich die Trostlosigkeit des Klassenzimmers für ein paar Stunden überglänzen. Dabei sollte der Grundsatz gelten, wonach Selbstgebasteltes immer Vorrang vor Gekauftem oder Geschenktem haben muss.

2. WAS SOLL ES ZU ESSEN UND ZU TRINKEN GEBEN?

Lebkuchen und Plätzchen, aber auch Nüsse oder Mandarinen sind leicht zu beschaffen und bilden die kulinarische Grundausstattung jeder Weihnachtsfeier. Interessanter könnte sich da schon die Frage nach dem Getränkeangebot gestalten – zumindest für die Schüler der höheren Klassen. Hier sollten Sie schon im Vorfeld klarstellen, dass es sich bei der Klassenweihnacht um eine schulische Veranstaltung handelt und dass deshalb auch hier ein striktes Alkoholverbot zu gelten hat. Alkoholfreier Glühwein und der sogenannte „Kinderpunsch" werden von den Schülern aber wohl oder übel als Kompromissangebot akzeptiert werden.

3. WELCHES PROGRAMM SOLL DIE WEIHNACHTSFEIER HABEN?

Hier ähnelt Ihre pädagogische Sendung immer einer Gratwanderung. Denn Ihre Schüler kennen solche Weihnachtsfeiern schon seit der ersten Grundschulklasse. Wenn Sie Ihnen deshalb nicht mehr zu bieten haben als ein paar Weihnachtsklassiker auf der Blockflöte und die offenbar unvermeidliche Weihnachtsgeschichte – dann sollten Sie lieber ganz auf eine solche Feier verzichten. Es gibt aber genügend Autoren, die sich ironische oder kritische Texte zu Weihnachten haben einfallen lassen – mit denen sich auch Ihre Schüler einmal auseinandersetzen sollten.[12] Vielleicht finden sich auch einige Mutige, die einen Sketch von Robert Gernhardt oder von Loriot einstudieren und damit alle verlogene Weihnachtsseligkeit aus dem Klassenzimmer verscheuchen. Nur in den unteren Klassen werden Sie Ihre Schüler dazu bringen, gemeinsam alte oder neue Weihnachtslieder zu singen. Aber Instrumentalwerke klassischer Komponisten sind auch später noch willkommen. Vielleicht findet sich auch ein Klassenelternsprecher oder ein ehemaliger Kollege, der in das Kostüm des Weihnachtsmanns schlüpft und die Schüler mit seinem Auftritt überrascht. Für solche Einlagen sind die Schüler merkwürdigerweise nie zu alt.

4. WIE WOLLEN WIR ES MIT DEM SCHENKEN HALTEN?

Gerade unter den Mädchen ist es üblich, die besten Freundinnen mit kleineren oder größeren Präsenten zu beschenken. Und solche Bescherungsaktivitäten nehmen oft so viel Zeit in Anspruch, dass für die eigentliche Feier kaum noch Luft bleibt. Das ist weniger für die Jungen ein Problem – als für die Schülerinnen, die bei diesem Bescherungskartell leer ausgehen. Deshalb wird in vielen Klassen **gewichtelt**: Hier lost jeder Schüler einen Mitschüler aus, den er anonym und individuell beschenkt. Und die Weihnachtsfeier bietet den geeigneten Rahmen für einen solchen Reigen kleiner Aufmerksamkeiten. Dabei kann es sich auch um Geschenke handeln, die sich jeder kommerziellen Einfallslosigkeit entziehen – also Dienstleistungen und Überraschungen, die auch ganz ohne Geld zu haben sind.

5. WELCHE GÄSTE WOLLEN WIR EINLADEN?

Es ist ein schöner Brauch, wenn an der Weihnachtsfeier auch diejenigen teilnehmen, die der Klasse in besonderem Maße verbunden sind: Die Tutorinnen der Klasse, der englische Austauschlehrer oder eine Mitschülerin, die inzwischen eine andere Schule besucht. Vielleicht unterhält die Klasse auch Kontakte zu einer sozialen Einrichtung, mit der sich die Feier gemeinsam ausrichten ließe. In jedem Fall sind solche Gäste eine willkommene Bereicherung, wenn Weihnachten nicht nur im vertrauten Kreis begangen werden soll.

Einen Teil der Vorbereitungen können Sie an die Schüler delegieren, ohne dass diese überfordert würden und ohne dass die Feier an deren Unzuverlässigkeit scheitern müsste. So ist die Dekoration des Klassenzimmers in der Regel ein Selbstläufer. Und auch bei der Akquisition von Knabberzeug und Heißgetränken werden Sie sich ganz auf Ihre Schüler verlassen können. Die Programmgestaltung dagegen gerät ohne die Übersicht und die Autorität des Lehrers oft zum Flop. Hier müssen Sie rechtzeitig dafür sorgen, dass die einzelnen Beiträge gewissenhaft vorbereitet und mit der notwendigen Ernsthaftigkeit vorgetragen werden.

Dennoch kann es sein, dass die Weihnachtsfeier in Ihrer Klasse zu einem leidenschaftslosen Ritual abstumpft. In diesem Fall sollten Sie zusammen mit den Schülern nach einem ganz neuen Format suchen.

So wäre es denkbar, dass die Feier …

- so organisiert wird, dass sich hier junge Leute aller Religionen und Weltanschauungen gut aufgehoben fühlen.
- unter ein bestimmtes Thema gestellt wird und Sie mit Ihren Schülern daraus z. B. eine „Hippie-Weihnacht" oder ein „Facebook-Christmas" machen.
- an die frische Luft verlegt wird, wo die Schüler z. B. „Weihnachten im Schnee" feiern oder sich an einer Wildfütterung beteiligen.
- so gestaltet wird, wie das zu Großmutters Zeiten üblich war – mit Bratäpfeln, mit selbst gebrautem Blaubeerpunsch und vielen Spielen rund um die Nuss.
- den Traditionen anderer Kulturen folgt und Sie das Weihnachtstreiben gemeinsam so begehen, wie das in Schweden oder Mexiko üblich ist.

Weihnachten gilt allgemein als ein Fest der Familie. Nehmen Sie es als ein gutes Omen, dass Ihre Schüler dabei nicht nur ihre Eltern und Geschwister um sich haben wollen, sondern sich eine Feier mit ihren Mitschülern und Lehrkräften wünschen. Deshalb sollte Weihnachten im Klassenverband nicht nur als bloße Pflichtübung, sondern als ein innovativer Event des Schullebens begangen werden. ■

3

DIE SCHÜLER

VIELFALT AKZEPTIEREN

Schüler sind keine unfertigen Menschen – obwohl sie in der Schule oft so behandelt werden. Sie sind autonome Persönlichkeiten mit einer eigenen Geschichte, einem eigenen Charakter, einem eigenen Temperament. Schon deshalb verbietet es sich, sie alle über einen Kamm zu scheren oder sie mit pädagogischer Einheitskost abzuspeisen.

Die heterogene Zusammensetzung vieler Schulklassen wird von manchen Lehrkräften als besonders anstrengend empfunden. Anstrengend sind aber nicht die Unterschiede zwischen den Schülern, sind nicht deren plurale Befindlichkeiten. Anstrengend ist lediglich der Versuch, so unterschiedlichen jungen Menschen jeweils ein Thema, eine Methode oder ein Tempo aufdrücken zu wollen. Denn das kann auf Dauer niemals gut gehen. Deshalb sollten Sie die Vielfalt im Klassenzimmer eher als eine Bereicherung empfinden – auch wenn Ihnen diese einen hohen Preis abverlangt: Statt eines Lernens im Gleichschritt erwarten die Schüler von Ihnen ein differenziertes Bildungsangebot. Doch darauf hat Sie niemand so richtig vorbereitet.

Das erste Mal ... AUF SCHULISCHE PFLICHTVERLETZUNGEN REAGIEREN

Jörg hat sich auf seine erste Stunde in der neuen Klasse gut vorbereitet. Die Schüler sollen von Anfang an wissen, dass sie es mit einem engagierten und zielstrebigen Lehrer zu tun haben. Der zügige Stundenbeginn aber missglückt, weil ein gewisser Vincent mit 10-minütiger Verspätung im Klassenzimmer eintrifft. Der junge Lehrer stellt klar, dass er solche Verspätungen künftig nicht mehr tolerieren wird.
Aber die Klasse antwortet ihm mit dem gelangweilten Hinweis: „Der kommt immer zu spät." Und die forsche Klassensprecherin legt nach: „Dagegen war bisher noch jeder Lehrer machtlos."

Jörg erlebt hier an seinem ersten Tag, was in deutschen Klassenzimmern längst Normalität ist: Für die Schüler ist eine Verletzung ihrer schulischen Pflichten nur eine Bagatellsache, für die sie keinerlei Unrechtsbewusstsein aufbringen. Und diese Großzügigkeit erwarten sie auch von ihren Lehrern.

Im Einzelnen geht es hier um Vorfälle, bei denen die Schüler ...

- zu spät zum Unterricht erscheinen,
- ihre Arbeitsmaterialien zu Hause vergessen haben,
- keine Hausaufgaben vorlegen können,
- ihre Klassenarbeiten nicht zurückgeben,
- ihnen gesetzte Fristen versäumen.

Solche Pflichtverletzungen sind keine Kapitalverbrechen. Aber sie halten Schüler wie Lehrer unnötigerweise auf und stören die Konzentration auf das Unterrichtsgeschehen. Deshalb haben sich manche Lehrkräfte ein ausgeklügeltes System ausgedacht, wie solche Regelverstöße in ihren Klassen zu sanktionieren sind: Da wird jede vergessene Hausaufgabe mit einem Punkt geahndet. Bei drei Punkten ist dann jeweils eine Strafarbeit oder ein Eintrag ins Klassenbuch fällig. Bei anderen Lehrkräften müssen die Schüler nachsitzen, wenn sie 3-mal zu spät gekommen sind, 4-mal eine Klassenarbeit nicht zurückgegeben haben oder 5-mal ohne Geodreieck zum

Unterricht erschienen sind. Wieder andere verhängen in solchen Fällen eine sogenannte Fun-Strafe: Hier muss einen Obolus für die Klassenkasse entrichten, wer zu spät zum Unterricht erschienen ist – und wer eine ganze Stunde versäumt hat, darf die Mitschüler mit einer Kuchenspende beglücken.

Sie werden immer wieder Kollegen begegnen, die auf solche Sanktionen schwören. Von derartigen Erfolgsmeldungen sollten Sie sich aber nicht blenden lassen. Auch durch noch so ausgeklügelte Kataloge kumulativer Strafmaßnahmen haben sich schulische Pflichtverletzungen bisher nicht aus dem Klassenzimmer verbannen lassen. Denn bis zu den eigentlichen Gründen für das Fehlverhalten einzelner Schüler dringen solche Sanktionen nicht vor. So wird es immer wieder Schüler geben, die wegen häufiger Fehlzeiten schon den gesamten Instanzenzug absolvieren mussten – und die trotzdem immer wieder zu spät kommen. Und so wird es immer wieder Schüler geben, die sich wegen vergessener Hausaufgaben regelmäßig einen Eintrag ins Klassenbuch einhandeln oder gleich mehrfach zum Nachsitzen einbestellt werden – und die trotzdem immer wieder ohne Hausaufgaben erscheinen. Offensichtlich gibt es also keinen Königsweg, um die Schüler zu Pünktlichkeit und Ordnung zu erziehen. Deshalb sollten Sie sich in diesem Zusammenhang keine vermeintlichen Heilslehren aufschwatzen lassen.

Allerdings werden es Ihnen die Schüler danken, wenn Sie gerade im Zusammenhang mit solchen Regelverstößen berechenbar und verlässlich agieren. Ganz egal, ob Sie hier eher kleinlich oder eher großzügig vorgehen: Die Schüler erwarten, dass Ihr Verhalten nicht irgendwelchen Stimmungsschwankungen folgt, sondern dass Sie auf ähnliche Regelverstöße auch mit vergleichbaren Maßnahmen reagieren. Nichts bringt ihr Gerechtigkeitsgefühl so ins Schleudern wie ein Lehrer, der einmal den mitfühlenden Sozialpädagogen und dann wieder den unerbittlichen Scharfrichter gibt.

Außerdem sollten Sie Ihren Schülern immer wieder vermitteln, dass es hier nicht um einen individuellen Konflikt geht, sondern dass davon die ganze Klasse betroffen ist. Die Zuspätkommer und die ewig Vergesslichen nehmen für sich ein Privileg in Anspruch, das nicht allen Schülern zugestanden werden kann. Durch solche Pflichtverletzungen droht deshalb die soziale Balance innerhalb der Klasse zu kippen. Und das kann keiner ernsthaft wollen. Das gilt in besonderem Maße für das Erledigen der täglichen Hausaufgaben. Die Klasse wäre erst noch zu klonen, in der wirklich alle Schüler zu Beginn des Unterrichts ihre Hausaufgaben vorlegen könnten. Nur in Ganztagsschulen lässt sich dieses Ärgernis umgehen, indem man hier ganz auf Hausaufgaben verzichtet. An allen anderen Schulen lohnt es sich, daraus ein Projekt der ganzen Klasse zu machen. So sollte regelmäßig dokumentiert werden, wie oft hier Schüler ohne Hausaufgaben zum Unterricht erscheinen und wie sich diese Versäumnisse im Verlauf eines Schuljahres entwickeln. Das könnte übrigens auch ein Thema für den nächsten Elternabend sein. Zusammen mit der ganzen Klasse sollte dann den Ursachen dieses Missstandes nachgegangen werden. Dafür wiederum wäre der Klassenrat der richtige Ort. Hier könnten die Schüler zusammentragen, welche strukturellen Reißleinen im Zusammenhang mit den täglichen Hausaufgaben einzuziehen wären.

So könnte im Klassenrat angeregt werden, dass ...

- die Lehrkräfte jeweils angeben, wie viel Zeit die Schüler für die einzelnen Hausaufgaben einkalkulieren sollten, damit sie diese besser planen können.
- die Hausaufgaben in allen Fächern fünf Minuten vor Unterrichtsende gestellt werden, um so nicht in der allgemeinen Aufbruchsstimmung unterzugehen.
- dass jeder Schüler ein eigenes Merkheft führen muss, aus dem er sich zuverlässig über die anstehenden Hausaufgaben informieren kann.
- eine Referendarin als Hausaufgaben-Coach verpflichtet wird, die den besonders vergesslichen Schülern dabei hilft, eingefahrene Fehler bei den häuslichen Arbeiten künftig zu vermeiden.
- für die ganze Klasse im Rahmen der Projekttage eine Ganztagswoche organisiert wird, in der die Schüler ihre Hausaufgaben gemeinsam erledigen – und dabei gleichzeitig lernen, wie sich die häuslichen Aufgaben möglichst zuverlässig und effektiv erledigen lassen.

Damit lassen sich nicht nur oberflächliche Erfolge erzielen, sondern mögliche Fehlhaltungen grundlegend korrigieren. Außerdem entziehen Sie sich so dem Vorwurf, einzelne Schüler auf das eine oder andere Fehlverhalten zu reduzieren und so deren Stigmatisierung noch weiter zu zementieren. ■

Das erste Mal ... DISZIPLINPROBLEME HAUTNAH ERLEBEN

Für einen Teil ihres täglichen Schulwegs nutzt Angela den Bus. Dabei bekommt sie mit, wie sich die mitfahrenden Schüler über größere und kleinere Vorkommnisse ihres Schulalltags austauschen. Dass dabei immer wieder von den Lehrern die Rede ist, versteht sich von selbst. So schnappt Angela einen Satz auf, der ihr doch zu denken gibt – obwohl sie weiß, dass die beteiligten Schülerinnen eine ganz andere Schule besuchen. Es geht um die Erfahrungen eines Mädchens mit dem neuen Lateinlehrer. Als Urteil über dessen pädagogische Qualitäten reicht der Schülerin der Hinweis: „Das ist noch ein ganz Junger. Dementsprechend geht es bei dem im Unterricht zu. Ein einziges Drunter und Drüber."

Hier schwingt ein Vorurteil mit, das zum ehernen Bestand der schulischen Legendenbildung gehört: Junge Lehrer schaffen es einfach nicht, eine Klasse in den Griff zu kriegen. Hilflos müssen sie mit ansehen, wie ihnen die Schüler auf der Nase herumtanzen. Und das Ergebnis ist jedes Mal „ein einziges Drunter und Drüber".
Obwohl dieses Vorurteil empirisch durch nichts zu belegen ist, hat es sich in den Köpfen vieler Schüler und Eltern, und wohl auch so mancher älterer Kollegen, festgesetzt. Demgegenüber lehrt die Praxis, dass Disziplinprobleme nichts mit dem Alter der Lehrkräfte zu tun haben – und letztlich auch nichts mit ihrer pädagogischen Qualifikation. Es ist deshalb keine Schande, sich solchen Disziplinproblemen zu stellen. Und denen, die von sich behaupten, in ihrem Unterricht laufe alles lautlos und konfliktfrei ab, ist ohnehin nicht zu trauen. Bei solchen Disziplinkonflikten denkt der unbeteiligte Beobachter spontan an Schüler, die schulisches Eigentum zerstören, ihre Mitschüler erpressen oder auf dem Schulhof mit Drogen handeln. Hier tritt eine kriminelle Energie zutage, auf die die Schule mit entsprechenden Sanktionen reagieren muss. Dafür sieht das Schulrecht disziplinarische Maßnahmen vor, die bis zur Entlassung eines Schülers reichen können. Mit dem Alltag in unseren Klassenzimmern aber haben solche Vorkommnisse kaum etwas zu tun. Zwar werden auch hier immer wieder die Regeln eines geordneten Zusammenlebens verletzt – aber diese Verstöße fallen doch um einige Nummern kleiner aus. Deshalb lohnt ein Überblick über die Disziplinprobleme, die den Lehrkräften tatsächlich zu schaffen machen; aber nicht, weil sie so gravierend wären, sondern weil sie damit fast in jeder Stunde konfrontiert sind. Und das nervt!

Dies sind die Disziplinlosigkeiten, unter denen die Lehrkräfte und Mitschüler am häufigsten zu stöhnen haben:

MANGELNDE KONZENTRATION	Unaufmerksamkeit, demonstratives Desinteresse, Nebenbeschäftigungen
MOTORISCHE UNRUHE	Kippeln mit dem Stuhl, Zappeln statt Stillsitzen, Herumlaufen im Klassenzimmer
VERBALE STÖRUNGEN	Schwätzen, Hereinrufen, Sich-ungefragt-Äußern
AGGRESSIVES VERHALTEN	Wegnehmen und verstecken, Rempeleien, Schläge, Provokationen, Beleidigungen, Mobbing
VERSTÖSSE GEGEN DIE HAUSORDNUNG	Essen im Unterricht, Herumspielen mit dem Handy, Rauchen auf dem Schulklo, Schneeballwerfen im Pausenhof [13]

Ob pädagogischer Heißsporn oder altgedienter Lehrkörper – beim Umgang mit solchen Disziplinlosigkeiten sind zwei Grundhaltungen denkbar: Den einen geht es vor allem darum, mögliche Störungen des Unterrichtsgeschehens auszuschalten, um sich wieder ganz auf die Vermittlung von Lerninhalten zu konzentrieren. Solche Lehrkräfte zeigen wenig Neigung, sich auf die unterschiedlichen Befindlichkeiten und Beweggründe der Schüler einzulassen. Deshalb haben sie sich ein Repertoire möglichst effektiver Sanktionen ausgedacht, mit denen sich die Schüler wieder auf Kurs bringen lassen. Den anderen Lehrkräften geht es nicht so sehr darum, die Ruhe im Klassenzimmer wiederherzustellen. Ihr Anspruch reicht weiter, denn sie wollen die Schüler für einen grundlegenden Verhaltensdiskurs gewinnen. Disziplinkonflikte sind für sie deshalb keine nervige Randerscheinung, sondern ein produktives Moment schulischen Lernens. Dafür sind sie bereit, einige Zeit zu investieren und sich auf so manches methodische Abenteuer einzulassen. Es gilt für sie als ausgemacht, dass Strafen den Verhaltensdiskurs eher belasten als befördern.

Für welche Grundhaltung Sie sich auch immer entscheiden: Denken Sie daran, dass es sich bei solchen Disziplinlosigkeiten nicht um Ihr persönliches Problem handelt – sondern um ein Problem der ganzen Klasse. Nicht nur die Lehrkraft, sondern auch eine Mehrheit der Mitschüler fühlt sich genervt, wenn die Lautstärke wieder einmal ansteigt und einzelne Schüler wild durcheinanderrufen. Dass gekippelt, gerempelt oder geschwätzt wird, zehrt nicht nur an Ihren Nerven, sondern strapaziert die Geduld der ganzen Klasse. Hier können Sie ansetzen: Machen Sie den gemeinsamen Frust von Lehrern und Schülern über die Unruhe im Klassenzimmer zum Thema! Dann erst wird Ihnen die Klasse folgen und Sie bei dem einen oder anderen Lösungsvorschlag unterstützen. Die Schüler sind dann nicht mehr die Zuschauer, die Ihren Konflikt mit einzelnen Störern ebenso interessiert wie distanziert verfolgen – sondern sie werden zu Beteiligten, die sich für eine positive Arbeitsatmosphäre im Klassenzimmer mitverantwortlich fühlen.

In diesem Sinne können Disziplinkonflikte zu einer produktiven Auseinandersetzung führen, wenn Sie ...

- ☑ dokumentieren können, wie stark das Klassenklima durch einzelne Störungen und Regelverletzungen tatsächlich belastet ist.
- ☑ nicht mechanisch zum Mittel der Strafe greifen, sondern stattdessen nach kreativen Alternativen suchen.
- ☑ sich strukturelle Maßnahmen einfallen lassen, damit solche Störungen in Zukunft nicht mehr auftreten können.
- ☑ auf Überraschungseffekte setzen, damit die betroffenen Schüler ihrerseits nicht mit mechanischen Reaktionen kontern.
- ☑ auch bei denjenigen Schülern ein Unrechtsbewusstsein aufbauen, die ihre eigenen Regelverstöße als bloße Bagatellsachen schönreden.
- ☑ der Klasse regelmäßig rückmelden, wie sich die Unruhe im Klassenzimmer entwickelt und wie die getroffenen Maßnahmen greifen.

Disziplinkonflikte spiegeln die vielfältigen Ansprüche und Erwartungen wider, die heute die Arbeit von Lehrern belasten. Sie sind deshalb alles andere als ein Anfängerproblem, aus dem man nach den ersten Dienstjahren herausgewachsen wäre. Größer wird allenfalls die Gelassenheit, solche Disziplinlosigkeiten auf sich zukommen zu lassen und dafür nach konstruktiven Auswegen zu suchen.

DISZIPLINPROBLEME KREATIV LÖSEN

ZEHN BEISPIELE AUS DER PÄDAGOGISCHEN PRAXIS

BLAUE KARTEN

Jeder Schüler erhält zu Beginn des Schuljahres eine laminierte Karte in blauer Farbe. Immer wenn es ihm während des Unterrichts zu laut wird, hebt er diese Karte hoch. Werden Ihnen fünf oder mehr Karten gezeigt, müssen Sie den Unterricht unterbrechen und die angemahnte Störung zum Thema machen.

DER HEISSE STUHL

Diese Feedback-Methode führen Sie regelmäßig durch. Dabei werden die Stühle zu einem Sitzkreis zusammengestellt. Wer auf dem „heißen Stuhl" Platz nimmt, erfährt von den Mitschülern, welche guten und welche schlechten Verhaltensweisen ihnen an ihm aufgefallen sind – und das immer im Wechsel.

LÄRM-PROTOKOLL

Sie beauftragen zu Beginn jeder Stunde einen Schüler damit, die Lärmentwicklung im Klassenzimmer zu protokollieren und diese auf einer Folie festzuhalten. So lässt sich ablesen, welche pädagogischen Situationen die Unruhe in der Klasse anheizen – und wodurch sich die Gemüter wieder beruhigen.

LERNEN DURCH LEHREN

In jeder Stunde übernimmt ein Schüler den Unterricht. Er hat so in die Rolle des Lehrers zu schlüpfen und dabei bestimmte inhaltliche und methodische Vorgaben zu erfüllen. Außerdem erlebt er in dieser Funktion, wie belastend die Unruhe im Klassenzimmer für die Lehrkräfte sein kann.

GRÜNE BRIEFE

Wenn Sie sich über einen Schüler einmal so richtig geärgert haben, sollten Sie diesen Ärger nicht einfach herunterschlucken. Schreiben Sie dem Betroffenen doch einen Brief, in dem Sie der eigenen Verärgerung auf den Grund gehen. Eine aufwändige, aber äußerst effektive Maßnahme!

DAS KARTENGEHEIMNIS

Sie haben einzelne Karten mit kleinen Botschaften vorbereitet, die Sie den betroffenen Schülern stillschweigend auf den Tisch legen. So wird der einzelne Schüler daran erinnert, dass sein Verhalten nicht in Ordnung ist – ohne dass deshalb das Unterrichtsgespräch unterbrochen werden müsste.

MONITORING

Sie nehmen sich vor, in jeder Stunde einen Schüler ganz besonders aufmerksam zu beobachten. Natürlich darf der Betroffene davon nichts merken. Am Nachmittag rufen Sie ihn dann zu Hause an, um sich mit ihm über Ihre Beobachtungen auszutauschen.

DIE STOPPUHR

Auf dem Pult steht eine Stoppuhr, die von allen Schülern eingesehen werden kann. Immer wenn es in der Klasse so laut wird, dass ein ordnungsgemäßer Unterricht nicht mehr möglich ist, drücken Sie auf die Stoppuhr. So bekommt die ganze Klasse mit, wie lange es dauert, bis hier wieder Ruhe einkehrt. Das wirkt – auch ohne dass dem jeweils irgendwelche Strafen folgen müssten.

DER TADEL

Schüler, die gegen die Regeln verstoßen haben, erhalten von Ihnen einen Tadel. Der Tadel erscheint nicht im Klassenbuch – und auch die Eltern bekommen davon nichts mit. Stattdessen müssen sich die Betroffenen mit Ihnen ausführlich über ihre Verhaltensprobleme unterhalten und über dieses Gespräch ein Protokoll führen.

UNTERRICHTSTAGEBUCH

Sie fassen den Verlauf jeder Unterrichtsstunde in skizzenhafter Form zusammen und gehen dabei vor allem auf die Verhaltensprobleme der Klasse ein. In der ersten Stunde der nächsten Woche erhalten die Schüler dann Ihr Unterrichtstagebuch in schriftlicher Form – in dem sich die Schüler jeweils mit einem Codenamen wiederfinden.[14]

Das erste Mal … MIT GEWALT IN DER SCHULE UMGEHEN

Olafs erstes Jahr an der neuen Schule gestaltet sich als ein pädagogischer Härtetest. Denn hier hat er mit allen Problemen zu kämpfen, die an einem sozialen Brennpunkt in die Schule hineingetragen werden. Dennoch zieht der Schulleiter am Ende des Jahres eine positive Bilanz: „Sie wissen ja alle, dass unsere Schule als gewalttätig verschrien ist. Deshalb können wir froh sein, dass ich im abgelaufenen Schuljahr kein einziges Mal den Notarzt oder die Polizei rufen musste. Bei uns geht es eben doch friedlicher zu als viele glauben."

Vielleicht macht es sich der Schulleiter hier doch ein bisschen zu leicht. Denn die Gewalt unter Schülern bemisst sich nicht nur am Einsatz der Ordnungskräfte oder der Notfallambulanz. Gewalt findet eben auch dort statt, wo keine Knochen gebrochen werden und wo kein Blut fließt. Gerade Pädagogen sollten sensibel genug sein, um auch die subtileren Formen schulischer Gewalt wahrzunehmen.

Ausdruck von Gewalt ist es eben auch, …

- ☑ wenn einzelne Schüler von ihren Mitschülern erpresst, gemobbt oder auch nur „geschnitten" werden. (**Psychische Gewalt**)
- ☑ wenn Jungen die Mädchen ihrer Klasse begrapschen oder ihnen gegenüber anzügliche Bemerkungen machen – und das alles angeblich nur „im Spaß". (**Sexuelle Gewalt**)
- ☑ wenn sich die jungen Leute untereinander durch Beleidigungen und Verunglimpfungen beschädigen. (**Verbale Gewalt**)
- ☑ wenn die Schüler Gewalt verherrlichende Darstellungen auf dem Smart-Phone speichern und untereinander austauschen. (**Mediale Gewalt**)
- ☑ wenn sich Schüler selbst verletzen und darin tiefer liegende psychische Probleme nach einem Ventil suchen. (**Gewalt gegen sich selbst**)
- ☑ wenn Schüler die Ausstattung und das Mobiliar ihrer Schule zerstören oder ihren Vandalismus auf das Umfeld der Schule ausdehnen. (**Gewalt gegen Sachen**)

Ihre erste Aufgabe als Lehrkraft dürfte es sein, die zu beobachtende Verrohung und Abstumpfung Ihrer Schüler aufzuweichen und sie für die eher unspektakulären Erscheinungsformen der Gewalt zu sensibilisieren. Auf dieser Basis ließen sich dann Grundsätze für den Umgang mit Gewalt formulieren, wie sie z.B. in die Klassensatzung eingehen könnten. Dafür finden Sie auf dem Plakat „Klassensatzung" (s. rechts) geeignete Beispiele.

Solche Grundsätze sind zunächst nicht mehr als eine Selbstverpflichtung. Und Papier ist bekanntlich geduldiger als mancher gewaltbereite Schüler. Wer aber dagegen verstößt, stellt sich auch gegen den Kodex seiner Klasse. Das macht es leichter, solchen Schülern das Unrecht ihres Verhaltens zu vermitteln.

Die unterschiedlichen Spielarten der Gewalt sind ein Gradmesser für den Zustand unserer Gesellschaft. Weil sie aber Teil dieser Gesellschaft ist, kann sich die Schule nicht als eine letzte Insel der Seligen behaupten.

Es wäre aber schon viel geholfen, wenn die Schüler wenigstens einsehen würden, dass ...

- ☑ es einer Kultur des Hinschauens bedarf, wenn die Gewalt in unseren Schulhäusern nicht um sich greifen soll.
- ☑ sich Konflikte nicht mit den Fäusten, sondern immer nur mit friedlichen Mitteln lösen lassen.
- ☑ auch eine noch so harmlose Rangelei eine Spirale der Gewalt in Gang setzen kann, die dann nicht mehr aufzuhalten ist.
- ☑ es mehr bringt, einen Konflikt im Vorfeld zu entschärfen als ihn nachträglich schlichten zu wollen.
- ☑ auch die Opfer über Mittel verfügen, um einen Konflikt zu entschärfen und den Angreifer von seinem Handeln abzubringen.

Voraussetzung dafür ist selbstverständlich, dass sich eine Schule zu ihrem Gewaltproblem bekennt. Wer nur um seinen guten Ruf fürchtet und deshalb die Konflikte im eigenen Haus herunterspielt, wird seiner pädagogischen Verantwortung nicht gerecht. Das gilt nicht nur für die Schulleitung, sondern auch für Sie als Klassenlehrer. Jede Auseinandersetzung mit schulischer Gewalt sollte mit einer ungeschönten Bilanz beginnen. Nicht die großen und kleinen Gemeinheiten in Ihrer Klasse belasten Ihren pädagogischen Leumund – sondern alle Versuche, solche Spielarten der Gewalt schön reden oder verharmlosen zu wollen.

KLASSENSATZUNG

1. Wir fühlen uns gemeinsam dafür verantwortlich, dass in unserer Klasse keine Gewalt stattfindet.

2. In unserer Klasse sollen die Bedürfnisse des Schwächeren mehr zählen als das Recht des Stärkeren.

3. Wir wollen Konflikte grundsätzlich mit Worten und mit Argumenten ausgetragen – nicht aber mit Gewalt.

4. Wir lehnen jede Art von Mobbing ab und setzen uns dafür ein, dass sich niemand in unserer Klasse ausgegrenzt fühlen muss.

5. Wir wollen auf alle Äußerungen verzichten, durch die andere beleidigt, verletzt oder bloßgestellt werden.

6. Wir gehen mit unseren Schulräumen, mit den Schulmöbeln und Schulbüchern sorgsam um.

VORBEUGEN IST BESSER ALS NACHTRETEN!

ERFOLGREICHE MASSNAHMEN DER GEWALTPRÄVENTION

1. Ein **Thementag** bietet den Schülern Gelegenheit, sich mit den unterschiedlichen Erscheinungsformen der Gewalt auseinanderzusetzen. Der Thementag ist wie ein ganz normaler Schultag organisiert. Nur dass sich hier alle Fächer mit demselben Thema beschäftigen – der Gewalt.

2. Im Rahmen einer **Streitwerkstatt** lernen die Schüler, wie sich Konflikte auch ohne die Anwendung von Gewalt regeln lassen – für manchen eine ganz neue Erfahrung. Solche Workshops werden von friedenspädagogischen Einrichtungen und von Trägern der politischen Bildung angeboten.

3. Das „**Verhalten in Bedrohungssituationen**" ist Gegenstand eines weiteren Kursangebots. Hier haben die Schüler Gelegenheit, sich in die Rolle der Opfer hineinzuversetzen. Im Rahmen von Rollenspielen lernen die Schüler, potenzielle Angreifer aus dem Konzept zu bringen und dadurch die gesamte Situation zu entschärfen.

4. In einem **Workshop für Mädchen** geht es nicht nur um Techniken der Selbstverteidigung: Die Schülerinnen erfahren hier auch, wie sie selbstbewusster auftreten können und wie sie mit dem Macho-Gehabe mancher junger Männer umgehen sollten. Das städtische Frauenbüro weiß, wer solche Workshops anbietet.

5. Im Rahmen eines **Elternabends** können sich die Eltern mit den unterschiedlichen Angeboten medialer Gewalt auseinandersetzen – von den Killerspielen bis zu den Gewaltvideos im Internet. Dazu werden ein Medienpädagoge und ein Fachmann der örtlichen Polizei ins Klassenzimmer eingeladen.

6. Nach dem Vorbild der „**Aktion Courage**" werden unter den Schülern Buttons mit einem leicht identifizierbaren Symbol verteilt. Wer sich einen solchen Button ansteckt, geht damit eine Selbstverpflichtung ein: Er schaut nicht weg, wenn er Zeuge von Gewalt und Diskriminierung wird – sondern schaltet sich mit friedlichen Mitteln ein.

7. Für Schüler, die ihre Aggressionen nicht mehr im Griff haben, richtet die Schule einen **Trainingsraum** ein. Unter der Anleitung eines Lehrers oder einer Sozialpädagogin haben sie hier Gelegenheit, ihre erhitzten Gemüter etwas abzukühlen und darüber nachzudenken, wie es zu einer solchen Eskalation des Konflikts kommen konnte.

8. Schüler, Eltern und Lehrer erarbeiten gemeinsam ein **Statut für den Pausenhof**. Hier ist im Einzelnen geregelt, welche Rangeleien noch akzeptiert werden können, welche Spielregeln dabei gelten sollen und ab wann die „rote Linie" überschritten wird. Ausschlaggebend sollte dafür die subjektive Wahrnehmung der potenziellen Opfer sein.

9. Nach dem Vorbild der **Cool Rider** sind einzelne Schüler im Schulhaus als „**Cool Walker**" unterwegs: Sie beobachten das Geschehen auf den Gängen und im Pausenhof und sie schreiten ein, wenn ein Konflikt eskaliert. Dafür durchlaufen sie eine einwöchige Ausbildung,

10. Damit es nicht aus lauter Langeweile zu Schlägereien kommt, lernen die Schüler im Rahmen des Sportunterrichts **friedliche Pausenspiele** kennen. Außerdem organisiert die Schule einen Materialverleih, damit die Schüler in den Pausen über entsprechende Spielgeräte verfügen.

11. Im Rahmen einer Arbeitsgemeinschaft werden Schüler zu Mediatoren ausgebildet. Diese **Schüler-Streit-Schlichter** werden dann aktiv, wenn immer wieder dieselben Schüler aufeinander losgehen und wenn dadurch die Gewalt im Klassenzimmer immer weiter eskaliert.

12. Schülern, die durch besondere Gewalttätigkeiten aufgefallen sind, wird ein **Anti-Aggressionstraining** angeboten. Sie lernen hier, immer einen kühlen Kopf zu bewahren und sich nicht zu irgendwelchen Attacken hinreißen zu lassen. Solche Trainings werden vom Schulpsychologischen Dienst oder von den Jugendämtern angeboten.

Das erste Mal ... MIT MOBBING KONFRONTIERT SEIN

Manuela kann durchatmen: Sie hat soeben ihren ersten Elternsprechabend hinter sich gebracht und darf sich jetzt ein Glas Wein gönnen. Die junge Lehrerin hat sich an diesem Abend als eine Art menschliche Klagemauer erlebt: So viele große und kleine Katastrophen sind ihr heute von den Eltern vorgetragen worden. Und auffallend oft war dabei von „Mobbing" die Rede. Für manche Eltern ist es Mobbing, wenn der Englischlehrer zu viele Hausaufgaben aufgibt, wenn sich ihre Tochter mit ihrer besten Freundin verkracht oder wenn der Sohn auf dem Fußballplatz gefoult wird. Für andere werden die Schüler gemobbt, wenn sie schlechte Noten bekommen, sich eine Strafarbeit einhandeln oder als Klassensprecher abgewählt werden. Mobbing – für Manuela hat dieses Wort alle Chancen zum Unwort ihres ersten Lehrerjahres zu werden.

Wenn ein Begriff derart inflationär gebraucht wird, hat sich sein eigentlicher Inhalt bald ins Unverbindliche verflüchtigt. Wer hinter jedem Konflikt, jeder Belastung und jeder Ungereimtheit bereits Mobbing vermutet – für den wird dieser Begriff bald zu einer bloßen Worthülse.

Deshalb sollten Eltern wie Lehrer von „Mobbing" nur noch dann sprechen, wenn ...

- ☑ sich die Aggressionen gegen einen Einzelnen richten *(und damit nicht gegen eine ganze Gruppe).*
- ☑ sich diese Aggressionen an einem bestimmten Merkmal, wie Körpergewicht, Hautfarbe oder Behinderung, festmachen lassen *(und nicht irgendeine diffuse Antipathie).*
- ☑ das Opfer aus der Klasse ausgegrenzt werden soll *(und das ist mehr als nur ein „Dämpfer").*
- ☑ zwischen Tätern und Opfern ungleiche Kräfteverhältnisse herrschen *(und es deshalb immer nur die Schwachen trifft).*
- ☑ der Betroffene regelmäßig und über einen längeren Zeitraum attackiert wird *(und es nicht bei einer punktuellen Aktion bleibt).*

Das klingt alles reichlich abstrakt. Deshalb sollte die Definition von „Mobbing" nicht nur an theoretischen Merkmalen festgemacht, sondern durch konkrete Beispiele unterfüttert werden:

M **eike** wird von ihren Mitschülerinnen immer wieder belächelt, weil sie sich nur Klamotten vom Discounter leisten kann. Ihr Spitzname: „Lady KIK".

O **rhan** muss miterleben, dass ihm seine Schultasche oder sein Federmäppchen immer wieder weggenommen und versteckt werden – zur Gaudi der anderen.

B **asti** wird immer wieder zum Opfer kleinerer Rempeleien und anderer körperlicher Attacken. Besonders häufig wird ihm ein Bein gestellt.

B **etül** kann sich nicht gegen die vielen Gerüchte wehren, die im Internet gegen sie im Umlauf sind.

I **nga** ist die Klassenbeste. Vielleicht ist das der Grund, warum sie bei Facebook mit anonymen Sex-Angeboten bombardiert wird.

N **iels** gibt sich auf dem Fußballplatz alle Mühe. Trotzdem bleibt er immer übrig, wenn zwei Mannschaften gewählt werden. Keiner will ihn im Team haben.

G **regor** kann seinen russischen Akzent nicht ganz verleugnen und wird deswegen von seinen Mitschülern offen oder heimlich gehänselt.

Jeder Schüler kennt solche Beispiele und könnte diese Aufstellung durch zahlreiche andere Fälle ergänzen. Dabei dürften sich dann auch Erfahrungen aus dem Bereich des stummen Mobbing finden: Hier geht es um Fälle, in denen einzelne Schüler von den anderen „geschnitten" oder nur anonym attackiert werden. Schüler, die im Internet fertiggemacht werden, sind Opfer des Cybermobbings, wie es vor allem in sozialen Netzwerken praktiziert wird.

Ihr Hauptproblem dürfte es sein, dass die Betroffenen oft nicht den Mut aufbringen, sich an eine Lehrkraft zu wenden oder ihre Leidensgeschichte vor der ganzen Klasse vorzutragen. Lieber fressen sie ihren Kummer in sich hinein, fühlen sich für die Nachstellungen ihrer Mitschüler vielleicht sogar mitverantwortlich. Deshalb ist es Ihre wichtigste Aufgabe, in Ihren Klassen ein Klima der Offenheit und des Vertrauens zu schaffen. So sollte jeder Schüler im Besitz Ihrer Handynummer sein, damit er Sie auch außerhalb des Unterrichts kontaktieren und Ihnen von seinem Kummer erzählen kann. Manche Kollegen halten einmal in der Woche in der großen Pause in einem Klassenzimmer eine **Sprechpause** ab, in der sich die Schüler mit ihren ganz persönlichen Nöten an sie wenden können. Vielleicht verabreden Sie sich mit jedem Ihrer Schüler einmal im Halbjahr zu einem „**Durchgang**" – einer Art Mitarbeitergespräch auf Klassenebene. Darüber hinaus sollten Sie dafür sorgen, dass die Telefonnummern der wichtigsten **Beratungsstellen** im Klassenzimmer ausgehängt werden. Vielleicht fällt es den Betroffenen leichter, einem Außenstehenden von ihrem Leiden zu erzählen.

Der wichtigste Schritt für die Opfer solcher Mobbingattacken ist es immer, das selbst gewählte Reservat der Anonymität und des Schweigens zu verlassen und sich einem anderen Menschen zu offenbaren. Ist dieser Schritt erst einmal getan, liegt es an Ihnen, ein solches Mobbingopfer wieder aufzurichten und sein beschädigtes Selbstvertrauen zu reparieren. Außerdem können Sie auf die Urheber solcher Attacken einwirken und sie mit der gebotenen Konsequenz zu einer Beendigung ihres Tuns veranlassen. Gegebenenfalls lässt sich im Rahmen einer **Fallkonferenz** zusammen mit allen Beteiligten klären, wie ein konkreter Konflikt gelöst und der Bann von dem Opfer genommen werden kann.

Bloßstellung, Erniedrigung, Ausgrenzung sind menschenverachtende Praktiken, die für alle Zeit aus dem Klassenzimmer verbannt bleiben sollten. Zu denken sollte es uns aber geben, dass die Schüler in diesem Zusammenhang weniger unter den Anfeindungen ihrer Mitschüler als unter den Attacken ihrer Lehrer zu leiden haben.[15] Denn ein solches „Mobbing von oben" ist in manchem Klassenzimmer immer noch gängige Praxis. ■

Das erste Mal … SCHÜLER MIT AD(H)S UNTERRICHTEN

Es ist durchaus nicht ungewöhnlich, dass manche Eltern nach Unterrichtsschluss auf ihre Kinder warten. Und es ist auch nicht ungewöhnlich, dass sie dabei das eine oder andere mit Tobias zu besprechen haben. Schließlich ist er der Klassenlehrer ihrer Kinder. So auch die Mutter des 11-jährigen Jerome. Sie nutzt die Gelegenheit, um den jungen Lehrer ins Vertrauen zu ziehen: „Jerome hat ADHS! Ich habe neulich einen Artikel in der ‚Apotheken-Umschau' gelesen. Da ist es mir wie Schuppen von den Augen gefallen: Unser Sohn hat ADHS."

Leider ist Jeromes Mutter kein Einzelfall: Immer mehr Eltern attestieren ihrem Kind ein solches Handicap, ohne vorher die Diagnose eines Kinder- und Jugendpsychiaters eingeholt zu haben. Aber auch die Diagnose eines Facharztes würde nichts daran ändern, dass es sich bei AD(H)S um ein äußerst umstrittenes Phänomen handelt. Manche Skeptiker halten das Aufmerksamkeits-Defizit-Syndrom (ADS) bzw. das Aufmerksamkeits-Defizit-Hyperaktivitäts-Syndrom (ADHS) für erfundene Krankheiten, die von den betroffenen Eltern als billige Ausrede missbraucht werden – und mit denen sich die Pharmaindustrie eine goldene Nase verdient. Die „FAZ" bringt das in ihrer Kritik an dem vermeintlichen Wundermittel gegen AD(H)S auf den Punkt: Ritalin sei eine Pille gegen eine erfundene Krankheit, nämlich die, ein schwieriger Junge zu sein. Immer mehr Jungen bekämen diese Diagnose. Die Pille mache sie glatt, gefügig, still und abhängig.[16]

Andererseits ist AD(H)S von der Weltgesundheitsorganisation (WHO) als psychische Störung anerkannt, also offensichtlich nicht nur den Hirnen cleverer Pharma-Manager entsprungen. Sie tun sich keinen Gefallen, wenn Sie sich in diesen Streit einschalten und sich damit auf eine Auseinandersetzung einlassen, bei der Sie immer wieder an die Grenzen Ihrer pädagogischen Professionalität gelangen.

Tatsache ist, dass bei immer mehr Kindern AD(H)S diagnostiziert und dass in diesem Zusammenhang immer öfter Ritalin verschrieben wird – ein Sachverhalt, den Sie als Lehrer zunächst einmal zur Kenntnis nehmen müssen. Von den Fachleuten wissen wir, wie sich AD(H)S im Verhalten von Kindern zeigt.

Dazu gehört, ...

- dass sich diese Kinder nur schwer konzentrieren können,
- dass sie jede Gelegenheit nutzen, um sich ablenken zu lassen,
- dass sie ständig in Bewegung sind und sie nichts auf ihrem Stuhl hält,
- dass sie wenig Ausdauer haben und oft sehr ungeduldig sind,
- dass sie ununterbrochen reden und dabei „wie aufgezogen" wirken,
- dass sie sehr impulsiv reagieren – auch wenn ihnen das später leidtut.

Auch wenn Sie solche Verhaltensweisen bei dem einen oder anderen Schüler beobachten, muss das noch nicht heißen, dass hier eine solche Störung vorliegt. Sie sollten nur dann selbst aktiv werden und fachkundigen Rat einholen, wenn ein Kind unter dem eigenen Verhalten sichtbar leidet, wenn es sich also in seiner Haut überhaupt nicht mehr wohlfühlt. Aber auch hier gilt: Einen pädagogischen Profi erkennt man daran, dass dieser seine eigenen Grenzen kennt. Maßen Sie sich also keine Kompetenzen an, die in den Zuständigkeitsbereich anderer gehören. Zuständig sind in diesem Fall der Schulpsychologische Dienst, die Ambulanz der Kinder- und Jugendpsychiatrie sowie das nächste Sozialpädiatrische Zentrum. Hier wird den betroffenen Kindern wirklich geholfen. Die Therapie verfolgt dabei in der Regel einen multimodalen Ansatz, zu dem eine Verhaltenstherapie oder eine systemische Familientherapie ebenso gehören können wie eine medikamentöse Behandlung. Darauf haben wir Lehrkräfte keinen Einfluss. Unsere Aufgabe ist es eher, den betroffenen Schülern mit Verständnis und Konsequenz zu begegnen. Denn die sind tatsächlich oft todunglücklich.

Im Internet werden Sie immer wieder auf Tipps stoßen, wie Sie als Lehrer mit solchen Schülern umzugehen haben.[17]

Die meisten dieser Ratschläge gelten freilich nicht nur für Kinder mit AD(H)S, sondern für alle konzentrationsschwachen und hypermotorischen Schüler – und die stellen in manchen Klassen bereits eine Mehrheit.

In diesem Zusammenhang sollten Sie ...

- darauf achten, dass das Lernumfeld der Schüler übersichtlich und aufgeräumt ist und damit möglichst wenig Ablenkung bietet.
- von vorneherein klarstellen, dass in Ihrem Unterricht feste Regeln gelten und konsequent für deren Einhaltung sorgen.
- sich darum bemühen, dass Ihr Unterricht gut strukturiert ist und dass die Schüler den Aufbau einer Stunde immer nachvollziehen können.

- darauf verzichten, die Schüler mit moralischen Appellen zu langweilen, die bei diesen oft eine gegenteilige Reaktion auslösen.
- sich daran gewöhnen, auf mögliche Störungen gelassen, aber bestimmt zu reagieren – sodass sich die Schüler nicht zu neuerlichen Provokationen herausgefordert fühlen.
- sich darauf einstellen, verbale Ausfälle und andere Ruppigkeiten nicht persönlich zu nehmen. Sie sind in der Regel auch nicht so gemeint.

Im 19. Jahrhundert wusste man noch nichts von ADHS. Aber der Zappelphilipp war auch damals schon ein Thema. In seinem „Struwwelpeter" beschreibt Dr. Heinrich Hoffmann, wie sich Erwachsene solchen hyperaktiven Kindern gegenüber verhalten. Vom Vater wird da gesagt: „Also sprach in ernstem Ton / der Papa mit seinem Sohn." Ganz anders der andere Elternteil. Denn „die Mutter blickte stumm / auf dem ganzen Tisch herum."[18]

Schon damals scheinen sich die Erwachsenen beim Umgang mit zappeligen Kindern irgendwo zwischen Dramatisierung und Fatalismus eingerichtet zu haben. Und daran hat sich bis heute nichts geändert. ■

Das erste Mal … SCHÜLER MIT TEILLEISTUNGSSTÖRUNGEN BENOTEN

Um auf die vorgeschriebene Zahl von Pflichtstunden zu kommen, muss Carsten einen zusätzlichen Förderkurs übernehmen: Er soll den Schülern helfen, bei denen Legasthenie festgestellt oder eine Lese- und Rechtschreibschwäche diagnostiziert wurde. Doch kein Schüler lässt sich blicken, als der Kurs das erste Mal stattfindet. Gut, dass der Schulleiter den angehenden Lehrer mit ein paar tröstenden Worten wieder aufrichtet: „Das dürfen Sie nicht persönlich nehmen. Seit den Schülern ein Nachteilsausgleich gewährt wird, ist die Luft raus. Da hat kaum einer mehr Lust, sich fördern zu lassen. Irgendwie kann man das ja auch verstehen."

Es ist sicherlich ein Fortschritt, wenn die Schule die Probleme einzelner Schüler mit dem Lesen, Schreiben und Rechnen nicht automatisch auf deren mangelnde Intelligenz zurückführt. Schließlich könnte hier ja auch eine Teilleistungsstörung vorliegen. Und das hat inzwischen auch die Kultusbürokratie zähneknirschend akzeptieren müssen. Solche Teilleistungsstörungen werden in der globalen Systematik krankheitsbedingter Beeinträchtigungen (ICD 10) ausdrücklich erwähnt. Und eine Krankheit sollte einem jungen Menschen nicht als schulisches Versagen angelastet werden. Dabei geht es im Einzelnen um die auf Seite 109 aufgeführten Teilleistungsstörungen.

TEILLEISTUNGSSTÖRUNGEN

LESE- UND RECHTSCHREIBSCHWÄCHE	Die Schüler haben vorübergehende Probleme mit dem Schreiben und Lesen. Diese äußern sich beim Schreiben z. B. in einem Verwechseln, Weglassen oder Vertauschen einzelner Buchstaben. Diese Probleme lassen sich nach Überzeugung der Fachleute durch entsprechende Fördermaßnahmen beheben. Sie sind nicht hirnorganisch bedingt.
LEGASTHENIE	Im Lesen und im Schreiben haben Legastheniker ganz ähnliche Schwierigkeiten wie die Schüler mit einer Lese- und Rechtschreibschwäche. Allerdings geht man bei ihnen davon aus, dass diese Schwierigkeiten genetische Ursachen haben. Deshalb lassen sie sich auch durch noch so professionelle Hilfen nicht ganz aus der Welt schaffen.
ALEXIE	Menschen mit Alexie können nicht lesen, weil sie nicht in der Lage sind, einzelne Buchstaben zu Graphemen oder gar zu ganzen Wörtern zu verbinden. Ursache dieser „Wortblindheit“ ist eine Hirnverletzung oder -erkrankung, die das Lesevermögen massiv beeinträchtigt.
DYSLEXIE	Die Dyslexie gilt als eine abgeschwächte Form der Alexie. In ihren Erscheinungsformen erinnert diese Krankheit an eine Lese- oder Rechtschreibschwäche. Sie kann genetisch bedingt oder das Ergebnis einer Hirnschädigung sein. Ihre Ursachen können aber auch in mangelnder Übung oder in sozialer Vernachlässigung liegen.
DYSKALKULIE	Die Schüler haben kein Verständnis für Größen- und Mengenverhältnisse. Sie kapitulieren bereits vor größeren Zahlenräumen und scheitern an einfachen Textaufgaben. Auch diese Rechenschwäche ist kein Ausdruck mangelnder Intelligenz. Sie tritt auffallend oft bei sprachlich und musisch begabten Kindern auf.

Auch wenn solche Teilleistungsstörungen inzwischen anerkannt sind, tun sich die betroffenen Kinder in der Schule denkbar schwer: Sie müssen sich dem Wettbewerb mit anderen Schülern stellen und sich dabei an ähnlichen Kriterien messen lassen. In den meisten Bundesländern wird ihnen deshalb ein Nachteilsausgleich gewährt: Ihnen werden also bei Klassenarbeiten oder Tests besondere Zugeständnisse gemacht, damit sie aufgrund ihres jeweiligen Handicaps nicht gänzlich abgehängt werden. Welche Kinder davon betroffen sind, können Sie jeweils den Schülerakten entnehmen. Außerdem kennt der zuständige Schulpsychologe die Namen der betroffenen Schüler.

Wie dieser Nachteilsausgleich im Einzelnen funktioniert, lässt sich am Beispiel Bayerns studieren. Hier kommt man den Schülern mit einer fachärztlich attestierten Legasthenie entgegen, indem ...

- sie von Diktaten und reinen Rechtschreibtests befreit sind.
- ihre Rechtschreibung nicht in die Bewertung von Aufsätzen oder Übersetzungen eingehen darf.
- ihre Leseleistung in Deutsch oder in den Fremdsprachen nicht bewertet werden darf.
- ihnen ein Zeitzuschlag bis zur Hälfte der regulären Arbeitszeit gewährt werden muss.
- ihre mündlichen Leistungen in den sprachlichen Fächern stärker gewichtet werden als das bei anderen Schülern der Fall ist.[19]

Das Beispiel Bayern beweist, dass die Praxis des Nachteilsausgleichs nur auf den ersten Blick gerecht ist: So haben Schüler mit Legasthenie oder mit einer Lese- und Rechtschreibschwäche Anspruch auf entsprechende Zugeständnisse. Kindern mit Dyskalkulie aber wird ein solcher Nachteilsausgleich verweigert – obwohl diese mindestens genauso belastet sind. Außerdem ist das Interesse an einer gezielten Förderung der betroffenen Schüler merklich zurückgegangen, seit man ihnen einen solchen Sonderstatus zugestanden hat. Sie sollten sich nicht damit zufriedengeben, bei der Korrektur und Benotung die einschlägigen Vorschriften zu befolgen. Auch im Rahmen des Unterrichts sind die Schüler mit Lese-, Schreib- oder Rechenproblemen auf entsprechende Vorleistungen angewiesen.

So können Sie den Schülern mit Lese- und Rechtschreibproblemen helfen, indem Sie ...

- sich im Rahmen des Unterrichtsgesprächs einer einfachen Wortwahl und eines unkomplizierten Satzbaus bedienen.
- die Zeit zum Einlesen und zum Verfassen eigener Texte auch außerhalb von Prüfungssituationen ausdehnen.
- den betroffenen Schülern ersparen, einen Text vor der ganzen Klasse vorzulesen und sich damit öffentlich zu blamieren.
- ihnen die Möglichkeit einräumen, ihre Texte in den PC einzugeben und anschließend ausdrucken zu lassen.
- sie zu einer möglichst deutlichen Aussprache anhalten, weil ihnen das später auch bei schriftlichen Äußerungen hilft.

Die größte Ermutigung aber könnte von einer Lehrkraft ausgehen, die eine ähnliche Schulbiografie hinter sich hat und die sich heute ehrlich und selbstbewusst zu ihrem Handicap bekennt. An ihrem Vorbild könnten die Schüler lernen, dass sich auch mit einer solchen Teilleistungsstörung leben lässt – und dass man sich dadurch nicht den Blick auf die eigenen Stärken verstellen lassen sollte. ■

Das erste Mal ... MIT PSYCHISCH KRANKEN SCHÜLERN UMGEHEN

Die Schüler ihrer 10. Klasse freuen sich schon lange auf die gemeinsame Fahrt nach Berlin. Und Jasmin ist heilfroh, dass ihr bei der Planung und Durchführung dieser Exkursion ein erfahrener Kollege zur Seite steht. So hofft sie, einige typische Anfängerfehler vermeiden zu können. Aber die junge Lehrerin stutzt doch, als ihr der Kollege den Brief vorlegt, mit dem die Eltern auf die geplante Fahrt nach Berlin eingestimmt werden sollen. Denn dort heißt es: „Selbstverständlich können wir nur solche Schülerinnen und Schüler mit nach Berlin nehmen, die psychisch wirklich stabil sind. Denn das wäre die Voraussetzung, um sich auf die Herausforderungen einer anonymen Metropole einzulassen. Haben Sie dafür bitte Verständnis."
Auf Jasmins vorsichtige Nachfrage hin erklärt ihr der praxisgegerbte Fahrensmann: „Ich möchte mich in Berlin nicht mit Selbstmordversuchen, Panikattacken oder Ritzereien herumärgern. Und Sie wahrscheinlich auch nicht."

Der erfahrene Kollege weiß: Im aufgedrehten Setting einer Klassenfahrt brechen manche psychischen Probleme auf, die sich im Umfeld von Schule und Elternhaus verstecken oder verschweigen lassen. Er sollte aber auch wissen: Durch seine Drohung erhöht sich der Druck auf die betroffenen Schüler. Und durch diesen Druck wird ihr Leiden nur noch größer. Deshalb hätte er auf diesen Satz im Elternbrief wohl besser verzichtet.

Eine Studie des Robert-Koch-Instituts hat ergeben, dass 22 % aller Kinder und Jugendlichen deutliche Hinweise auf psychische Störungen aufweisen.[20]
Und diese Größenverhältnisse schlagen sich inzwischen in der Zusammensetzung jeder Schulklasse nieder.

Im Einzelnen geht es dabei um Schüler, ...

- ☑ die depressiv und/oder suizidgefährdet sind,
- ☑ die sich regelmäßig selbst verletzen,
- ☑ die unter einem gestörten Essverhalten leiden,
- ☑ die ausgeprägte Suchtprobleme haben,
- ☑ die durch Angstzustände belastet sind.

Dass solche Störungen heute vermehrt auftreten, hat sicherlich ganz unterschiedliche Ursachen: Da sind die Eltern, die ihre Kinder heute sensibler beobachten als das früheren Elterngenerationen möglich war. Da sind die Ärzte, die solche Auffälligkeiten heute besser einschätzen und sachkundiger beurteilen können. Und da sind existenzielle Bedrohungen in Schule, Familie und Arbeitswelt, durch die sich die Kinder und Jugendlichen unter Druck gesetzt fühlen.

Als Lehrer sind Sie hier doppelt gefordert: Sie müssen aktiv werden, wenn Sie das Gefühl haben, dass ein Schüler psychisch belastet ist und wenn seine Störung einer professionellen Aufarbeitung bedarf. In diesem Fall hilft Ihnen die Rücksprache mit dem Sozialpädagogen Ihrer Schule oder mit dem zuständigen Schulpsychologen. Nutzen Sie auch die Möglichkeit, an einem **Gatekeeper-Training** teilzunehmen: Hier können Sie lernen, wie man solche Störungen erkennt, wie man die betroffenen Schüler anspricht und die Eltern unaufgeregt und konstruktiv einbindet. Solche Trainings werden inzwischen von psychiatrischen Fachkliniken oder den Trägern der regionalen Lehrerfortbildung angeboten.

Es kann aber auch sein, dass sich ein Schüler bereits in der Obhut eines Facharztes befindet oder stationär in einer kinder- und jugendpsychiatrischen Einrichtung behandelt wurde. In diesem Fall wird von Ihnen erwartet, dass Sie die Lehrer der Klasse über den Verlauf der psychischen Erkrankung informieren und den betroffenen Schüler vor dem voyeuristischen Interesse seiner Mitschüler schützen. Die Klasse muss wissen, dass es sich hier um eine Krankheit handelt und dass sie damit entsprechend rücksichtsvoll umzugehen hat. Vielleicht berufen Sie in diesem Zusammenhang auch eine **Fallkonferenz** ein. Die Fallkonferenz bringt alle Beteiligten an einen Tisch. Sie dient dem Informationsaustausch und der Abstimmung einzelner Maßnahmen. Im Mittelpunkt steht dabei die Frage, wie eine Integration der betroffenen Schüler in das Unterrichtsgeschehen und in den Klassenverband gelingen kann. Wichtig ist dabei, dass die Betroffenen in die Beratungen einbezogen werden – dass also nicht über sie, sondern mit ihnen gesprochen wird. In diesem Sinne ist mit einer Fallkonferenz immer auch ein Stück Vertrauensarbeit verbunden.

Angehende Lehrkräfte lasten ihrer Ausbildung an, dass der Unterricht hier einen zu breiten Raum einnimmt – die Situation der Schülerinnen und Schüler aber eher zur Nebensache gerät. Tatsächlich haben sich in der schulischen Praxis längst die Gewichte verschoben: Das Handwerk des Unterrichtens beherrscht man irgendwann einmal; die Befindlichkeiten der Schüler aber bergen immer neue Herausforderungen.

ROADMAP EINER FALLKONFERENZ

TEILNEHMER/INNEN

- ✓ der betroffene Schüler
- ✓ seine Eltern
- ✓ der behandelnde Arzt
- ✓ der Schulpsychologe
- ✓ der Schulsozialarbeiter
- ✓ der Klassenlehrer
- ✓ ein Vertreter der Schulleitung

THEMEN

- ✓ der Verlauf der psychischen Erkrankung
- ✓ die Rücksichtnahme auf bestimmte Verhaltensbedürfnisse
- ✓ Ausnahmeregelungen für Schulbesuch und Prüfungssituationen
- ✓ das Nachholen des versäumten Stoffs
- ✓ die notwendige Unterrichtung der Schulklasse
- ✓ die Integration in den Klassenverband
- ✓ die Teilnahme an Klassenfahrten

ABSPRACHEN/ BESCHLÜSSE

- ✓ die Information der beteiligten Fachlehrer
- ✓ der künftige Umgang mit Fehlzeiten
- ✓ das Nachholen versäumter Prüfungstermine
- ✓ das Verhalten in künftigen Krisensituationen
- ✓ die Benennung einer konkreten Vertrauensperson
- ✓ die Sprachregelung gegenüber Mitschülern
- ✓ der Termin der nächsten Fallkonferenz

Das erste Mal ... EINER KLASSE AUS DEM LEISTUNGSTIEF HERAUSHELFEN

Felix kann es nicht leiden, wenn er in der Pause ans Telefon geholt wird. Und er kann es erst recht nicht leiden, wenn ihn dann irgendwelche aufgelösten Eltern mit den Problemen ihrer Sprösslinge behelligen. Entsprechend reserviert gibt sich der Berufsanfänger, als er Marians Mutter an der Strippe hat. Die resolute Frau betreibt ein Netz von Bäckereifilialen im Stadtgebiet. Mit dem Pragmatismus einer erfolgreichen Mittelständlerin geht sie auch die schulischen Probleme ihres Sohnes an. „Das kann doch nicht sein: Mein Marian schreibt bei Ihnen eine schlechte Note nach der anderen. Und bei seinen Freunden schaut es auch nicht besser aus."
Die selbstbewusste Bäckersfrau redet sich in Rage. „Da müssen Sie sich doch etwas einfallen lassen. Sie werden doch wissen, was man da machen kann. Sie sind schließlich der Lehrer." Felix ist erst einmal sprachlos. Und er ist so gar nicht unglücklich darüber, dass die Pausenglocke dieses wenig erfreuliche Gespräch beendet.

Nach längerem Nachdenken wird sich der angehende Lehrer eingestehen müssen: Eigentlich hat diese Mutter Recht. Wenn die Leistungen der Schüler abstürzen, sind nicht nur deren Familien in der Pflicht. Auch die Schule ist gefordert, um den jungen Leuten aus dem Leistungstief herauszuhelfen und um ihnen eine Perspektive anzubieten. Früher war man davon überzeugt, dass sich solche Leistungsprobleme mit mangelnder Begabung oder mit einer altersbedingten Verweigerung erklären ließen. So leicht sollte es sich heute niemand mehr machen. Denn nachlassende Leistungen können ganz unterschiedliche Ursachen haben.

So können diese Leistungsprobleme darauf zurückzuführen sein, dass ...

- die Schüler fachliche Defizite aus früheren Jahren mit sich herumschleppen und sie deshalb immer mehr den Anschluss verlieren.
- sie nicht über die notwendigen Arbeitstechniken verfügen, um wirklich effektiv lernen zu können – und das in der Schule und zu Hause.
- die Schüler mit ihrer Zeit sehr unüberlegt und planlos umgehen und sie deshalb eigentlich immer unter Zeitdruck stehen.
- ihre anfängliche Motivation immer mehr nachlässt und sie nicht gelernt haben, sich selbst zu motivieren.
- sie durch immer neue Rückschläge ihr Selbstvertrauen verloren und sich in Wirklichkeit längst aufgegeben haben.

Das alles sind keine neuen Erkenntnisse. Und doch sollte einem zu denken geben, wie fatalistisch viele Lehrkräfte mit einem solchen Absinken der Schülerleistungen umgehen. Ganz so, als ob die Schule da vollkommen machtlos wäre. Dabei haben sich einzelne Lehrkräfte längst auf den Weg gemacht, um ihren Schülern einen Aufstieg aus dem Leistungskeller zu ermöglichen. Diese Lehrer wissen inzwischen tatsächlich, „was man da machen kann". Und man kann eine ganze Menge in die Wege leiten, um den Schülern mit Leistungsproblemen tatsächlich zu helfen:

So können Sie einen eigenen **Elternabend** einberufen und dazu auch die Schüler der Klasse einladen. Hier kann analysiert werden, wie es zu einem solchen Leistungstief kommen konnte. Hier können aber auch Verabredungen getroffen werden, was sich in Zukunft alles ändern sollte. So erfahren die Eltern, dass sie die Schule mit den Leistungsproblemen ihrer Kinder nicht alleine lässt – und dass ein solches Leitungstief nur mit vereinten Kräften überwunden werden kann.

Weil die meisten Schüler als Einzelkämpfer überfordert wären, sollten Sie die Bildung von **Lernteams** anregen. In einem Lernteam arbeiten Schüler zusammen, die zwar im selben Stadtteil wohnen, die aber nicht die allerbesten Freunde sein müssen. Gemeinsam werden sie es vielleicht schaffen, den „inneren Schweinehund" an die Leine zu legen.

Für besonders gefährdete Schüler kann zusammen mit den Eltern ein **Förderplan** ausgehandelt werden. Hier ist niedergelegt, wie es um die aktuellen Leistungen eines Schülers bestellt ist, wohin dieser bis zum Ende des Schuljahres gekommen sein sollte und welche konkreten Maßnahmen ihm dabei helfen können.

Sie sollten Ihre Schüler dazu anregen, einen **Lernvertrag mit sich selbst** zu schließen. Hierbei handelt es sich um eine Selbstverpflichtung, die von jedem einzelnen Schüler ausformuliert und anschließend von seinen Eltern unterschrieben wird. Der Lernvertrag beinhaltet ganz konkrete Vorsätze, deren Einhaltung regelmäßig überprüft wird. Damit handelt es sich dabei um ein Projekt von nachhaltiger Wirkung.

Wenn es der ganzen Klasse an den notwendigen Lern- und Arbeitstechniken fehlt, können Sie für alle eine **Hausaufgabenwoche** organisieren: Hier bleiben alle Schüler bis zum Nachmittag in der Schule – um gemeinsam ihre Hausaufgaben zu erledigen, sich auf die anstehenden Klassenarbeiten vorzubereiten und gleichzeitig etwas für ihre Methodenkompetenz zu tun.

Die versetzungsgefährdeten Schüler können auch zu einem **Motivationsseminar** eingeladen werden, das jeweils für einen ganzen Jahrgang organisiert wird: Während der Unterrichtszeit ziehen sie sich dann in ein ländliches Tagungshaus zurück, um sich hier mit den Gründen ihres Scheiterns und mit möglichen Fluchtwegen aus dem aktuellen Notenschlamassel zu beschäftigen.

Vielleicht gelingt es Ihnen auch, Schüler der höheren Klassen oder Senioren aus der Nachbarschaft als **Mentoren** zu gewinnen. So würde jedem gefährdeten Schüler ein Helfer zur Seite stehen, der ihn mit den nötigen Lerntipps versorgt und ihm über manche Enttäuschung oder Lustlosigkeit hinweghilft. Damit dürfte manchem Schüler mehr geholfen sein als mit noch so teuren Nachhilfestunden.

Allen diesen Vorschlägen ist gemeinsam, dass hier die Schule den betroffenen Jugendlichen ein Angebot macht: Sie will sich nicht an ihnen rächen, will sie nicht für ihre Faulheit oder für ihr Desinteresse bestrafen – sondern ihnen in einer für sie prekären Situation helfen. Für das Selbstverständnis der Lehrkräfte bedeutet das eine radikale Wende: Endlich sehen sie sich nicht mehr in der Rolle des gestrengen Richters, der die Schüler einem gerechten Urteil zuführt – sondern eher in einer helfenden, unterstützenden und begleitenden Funktion. Und auch Ihre Schüler werden das zu schätzen, vielleicht sogar durch bessere Leistungen zu würdigen wissen.

MIT EINEM LERNVERTRAG AUS DEM LEISTUNGSTIEF!

Du bist entschlossen, deine aktuellen Leistungsprobleme zu überwinden und dieses Schuljahr mit einem vorzeigbaren Ergebnis abzuschließen. Dabei wird dir ein Vertrag helfen, den du mit dir selbst schließt. Mit diesem Vertrag verpflichtest du dich, dein Lern- und Arbeitsverhalten zu ändern. Und deine Eltern sichern dir dabei ihre Unterstützung zu. Die folgenden Textbausteine sollen dir helfen, eine solche Selbstverpflichtung zu formulieren:

Für den Rest des Schuljahres habe ich mir vorgenommen, ...

- ☐ das Klassenziel doch noch zu erreichen.
- ☐ das Schuljahr ohne eine „5" oder „6" im Zeugnis abzuschließen.
- ☐ mich in den Kernfächern jeweils um eine Note zu verbessern.
- ☐ auf einen besseren Notendurchschnitt zu kommen als im letzten Schuljahr.
- ☐ mir keine Schulstrafe mehr einzuhandeln.

Um dieses Ziel zu erreichen, muss ich mein Lernverhalten verändern. Konkret bedeutet das für mich, dass ...

- ☐ ich jeden Tag wenigstens 90 Minuten lang für die Schule arbeite.
- ☐ meine Hausaufgaben bis 20.00 Uhr erledigt sein müssen.
- ☐ ich mich bei den Hausaufgaben nicht von elektronischen Medien ablenken lasse.
- ☐ ich für die mündlichen Hausaufgaben so viel Zeit aufwende wie für die schriftlichen.
- ☐ ich ein Drittel meiner häuslichen Arbeitszeit für die Wiederholung des alten Stoffs aufwende.
- ☐ ich eine Woche vor dem Termin der Klassenarbeit mit dem Lernen beginne.
- ☐ ich mich auf Klassenarbeiten zusammen mit anderen vorbereite – ohne mich dabei ablenken zu lassen.
- ☐ ich über die Entwicklung meiner Noten sorgfältig Buch führe.
- ☐ ich mich in jeder Schulstunde wenigstens einmal melde.

☐ ich mein Notenbild durch Referate und mündliche Abfragen verbessern werde.
☐ ich die Ferien nutze, um meine Rückstände in einzelnen Fächern aufzuholen.

Ich will meinen Sohn/meine Tochter beim Gegensteuern unterstützen. Deshalb habe ich mir vorgenommen, ...

☐ jeweils zu überprüfen, ob er/sie die Verpflichtungen dieses Lernvertrags auch wirklich einhält.
☐ dafür zu sorgen, dass er/sie seine/ihre häuslichen Arbeiten ungestört erledigen kann.
☐ ihn/sie abzufragen und mit ihm/ihr zu lernen, wenn das ausdrücklich gewünscht wird.
☐ ihn/sie nach einer verunglückten Klassenarbeit wieder moralisch aufzubauen.
☐ bestehende Verbote wieder aufzuheben, wenn er/sie sich schulisch verbessern konnte.
☐ an den Elternabenden der Klasse teilzunehmen und die Sprechstunden seiner/ihrer Lehrer zu besuchen.

______________	______________________	______________________
(Ort, Datum)	(Schüler/in)	(Eltern)

vgl. Jonas Lanig: Ein Lernvertrag mit sich selbst, in: Lehrer verändern die Schule JETZT! Mülheim an der Ruhr 2006 (Verlag an der Ruhr), S. 124ff.

4
DER UNTERRICHT

NEUGIERIG BLEIBEN

Wenn etwas zur Routine wird, kann es nicht wirklich gut gewesen sein. Das gilt auch für den Unterricht. Vielleicht träumen auch Sie diesen Traum: Eines Tages so viele Unterrichtsentwürfe, Arbeitsblätter, Spiele und Filme angehäuft zu haben, dass Sie nur noch aus dem Vollen schöpfen können. Leider wird dieser Traum für Sie nie in Erfüllung gehen. Das liegt an den Schülern, die der Patina früherer Unterrichtsstunden nur bedingt etwas abgewinnen können.

Das liegt vor allem aber an Ihnen selbst: Auch Sie werden es als unbefriedigend empfinden, wenn Sie den gesamten Rest Ihres Lehrerlebens in einer pädagogischen Endlosschleife rotieren müssen. Deshalb dürfte es auch für Sie einen Motivationsschub bedeuten, wenn Sie sich immer wieder auf neue Herausforderungen einlassen. Zwar werden Sie die Rolle des pädagogischen Heißsporns irgendwann einmal abstreifen müssen, aber die Neugier auf aktuelle Diskussionen und den Hunger auf pädagogische Innovationen sollten Sie sich erhalten.

Das erste Mal ... EINE UNTERRICHTSEINHEIT PLANEN

An Bayerns Schulen herrschen strenge Sitten: Wer hier einen erkrankten Kollegen vertritt, muss im begonnenen Stoff weiterfahren – auch wenn er davon nicht die geringste Ahnung hat. So will man erreichen, dass der Anschluss an den aktuellen Lernstoff trotz zahlreicher Unterrichtsausfälle nicht verloren geht. Weil er noch Beamter auf Probe ist, will Markus nichts riskieren. Als er in eine 6. Klasse beordert wird, um hier die Mathematiklehrerin zu vertreten, sondiert er deshalb erst einmal die fachlichen Gegebenheiten.

Auf die nicht eben originelle Frage: „Wo seid ihr gerade in Mathe?" erhält Markus sehr uneinheitliche Antworten. „Wir machen halt so Aufgaben.", heißt es da. Oder: „Irgendwelche Gleichungen." Oder: „Teilungen und so." Erst eine gewissenhafte Schülerin bringt Markus auf den aktuellen Stand. „Wir sind im Buch auf Seite 49." Also schlägt dieser im Schulbuch nach und kann dem entnehmen, dass sich die Klasse gerade mit der Addition und Subtraktion von Brüchen beschäftigt. Aha.

Das Beispiel belegt, wie orientierungslos sich unsere Schüler zwischen den Stoffmassen bewegen. Sie können allenfalls andeuten, womit sie sich in den einzelnen Fächern beschäftigen – ein Zeichen dafür, dass sie die einzelnen Lerninhalte nicht wirklich verinnerlicht haben. Um den Schülern wenigstens eine grobe Orientierung zu vermitteln, sollten mehrere Einzelstunden zu einer Unterrichtseinheit zusammengefasst werden. Die meisten Lehrpläne arbeiten deshalb auch mit übergeordneten Clustern, die sich als Vorlage solcher Unterrichtseinheiten eignen. Sie sollten sich deshalb darum bemühen, dass Ihre Schüler nicht nur mit Detailkenntnissen glänzen, sondern diese jeweils auch zu- und einordnen können.

Eine Unterrichtseinheit sollte jeweils so strukturiert sein, dass hier nicht nur einzelne Lerninhalte aufeinander aufbauen, sondern dass dabei auch unterschiedliche Methoden zum Einsatz kommen. Diese thematischen und methodischen Bausteine einer Unterrichteinheit lassen sich am Beispiel einer Sequenz zur „Literatur der Barockzeit" illustrieren.

BEISPIEL: SEQUENZ ZUR „LITERATUR DER BAROCKZEIT"

Bausteine	Inhalte	Umsetzung
Ein **Einstieg** führt den Schülern vor, was das Thema der Unterrichtseinheit mit ihrem Alltagswissen zu tun hat.	Die Literatur des Barock als Ausdruck eines umfassenden Lebensgefühls	In **Partnerarbeit** vergleichen die Schüler die Mode, den Tanz und die Tischsitten des Barock mit modernen Stilformen.
Im Rahmen einer **Informationsphase** eignen sich die Schüler das für die Unterrichtseinheit notwendige Basiswissen an.	Das Zeitalter des Barock im Widerstreit von Lebenslust und Todesangst	Im Rahmen von **Schülerreferaten** werden der historische Kontext der Barockzeit und die leitenden Denktraditionen dieser Epoche vorgestellt.
Durch **eigentätiges Arbeiten** erschließen sich die Schüler weitere Informationen und vertiefen damit ihre bisherigen Erkenntnisse.	Die Zuspitzung des barocken Denkens in den literarischen Gattungen der Predigt, der Lyrik, des Dramas und des Romans	In **arbeitsteilig** organisierter Gruppenarbeit setzen sich die Schüler mit beispielhaften Texten der Barockliteratur auseinander.
Ein **interdisziplinäres Arbeiten** ermöglicht den Schülern, sich mit dem Gegenstand der Unterrichtseinheit aus der Sichtweise anderer Fächer auseinanderzusetzen.	Die Umsetzung des barocken Lebensgefühls in Politik, Theologie, Kunst, Musik und Architektur	Im Rahmen eines **Lernzirkels** lernen die Schüler dazu Beispiele aus unterschiedlichen Bereichen kennen und diese auf der Basis des bisher Gelernten zu interpretieren.
Anhand eines **Beispiels** aus dem Themenspektrum der Unterrichtseinheit wenden die Schüler das Gelernte auf einen konkreten Gegenstand an.	Form und Inhalt des Sonetts „Es ist alles eitel" von Andreas Gryphius	Mit der Methode eines **Gruppenpuzzles** analysieren die Schüler einzelne Aspekte dieses lyrischen Textes – wie Versmaß, Reim, Aufbau, Aussage oder Wirkung

Bausteine	Inhalte	Umsetzung
In einem **Diskurs** werden die Schüler an der fachlichen Auseinandersetzung zu einzelnen Aspekten des Gesamtthemas beteiligt.	Die Diskussion um die Fortführung konfessioneller Denkhaltungen in der Literatur der Barockzeit	Die Schüler werden zu **Pro- und Kontra-Anwälten**, die diese Diskussion im Rahmen eines Streitgesprächs austragen.
Im Rahmen der **Praxisphase** haben die Schüler Gelegenheit, das Gelernte in Form eines Experiments, einer Umfrage, eines Werkstücks oder einer kreativen Leistung anzuwenden.	Die Nachdichtung eines barocken Sonetts in der Form eines modernen Rap – vorgetragen von den Schülern der Klasse	Die Methode der **Schreibwerkstatt** bildet den Rahmen, um sich einen solchen Text auszudenken und diesen bis zur Vortragsreife zu entwickeln.
Im Rahmen einer abschließenden **Leistungskontrolle** können die Schüler beweisen, welche Erkenntnisse der Unterrichtseinheit bei ihnen hängen geblieben sind.	Die Literatur des Barock als Reflex eines Lebensgefühls und einer kollektiven historischen Erfahrung	Eine **Klassenarbeit in Gruppenform** bietet den Schülern Gelegenheit, sich und anderen über das Gelernte Bericht zu erstatten.

Von anderen Unterrichtseinheiten unterscheidet sich dieses Beispiel durch den Wechsel der Methoden, der Sozialformen und des Schwierigkeitsgrads. Damit können wirklich alle Schüler einer Klasse erreicht werden: der Theoretiker wie der Praktiker, der Zuverlässige wie der Kreative, der Einzelkämpfer wie der Teamarbeiter. Von manchen Methodikern, wie Klippert, wird deshalb auch empfohlen, eine Unterrichtseinheit jeweils zu einer **Lernspirale** weiterzuentwickeln.[21]

Wie das Bild einer Spirale nahelegt, dreht sich hier alles um ein Thema – nur jeweils auf unterschiedlichem Niveau. So können die Schüler das, was sie sich in Einzelarbeit erschlossen haben, anschließend im Rahmen einer Gruppenphase mit den anderen abgleichen. So kann das, was ihnen theoretisch vorgeführt wurde, anschließend in einer Praxisphase ausprobiert, angewendet und umgesetzt werden. Damit kommt die Lernspirale den besonderen Anforderungen eines inklusiven Unterrichts entgegen.

TIPP

In jedem Fall bietet es sich an, eine neue Unterrichtseinheit jeweils in Zusammenarbeit mit einem Fachkollegen zu planen. Dazu tun sich in der Regel zwei Lehrkräfte zusammen, die dasselbe Fach unterrichten und die in zwei Parallelklassen eingesetzt sind. Sie können die abschließende Leistungskontrolle dann auch gemeinsam ausarbeiten und so zu vergleichbaren Ergebnissen kommen. ■

Das erste Mal … DIE SCHÜLER IN GRUPPEN ARBEITEN LASSEN

Heike weiß, dass die Gruppenarbeit nicht von allen Kollegen geschätzt wird. Sie weiß aber auch, dass diese Form des Lernens von der Erziehungswissenschaft als eine interessante Alternative zur Routine des Frontalunterrichts empfohlen wird. Deshalb will sie an ihrer neuen Schule verstärkt mit kooperativen Methoden arbeiten. Und ihre ersten Versuche in dieser Richtung haben sich gut angelassen. Das befürchtete Chaos jedenfalls ist ausgeblieben. Nur beim Umstellen der Tische und Stühle wird es noch richtig laut. In einer solchen Umbauphase springt die Tür des Klassenzimmers auf und ein an der ganzen Schule gefürchteter Kollege baut sich vor den herumwuselnden Schülern auf: „Gibt es in dieser Klasse denn keinen Lehrer?", herrscht er die aufgescheuchte Schülermeute an. Als er dann aber Heike inmitten des vermeintlichen Umbau-Chaos entdeckt, wechselt der in Würden ergraute Lehrkörper die Tonart: „Oder hat die Kollegin heute etwa auf Gruppenarbeit umgestellt?"

Mit solchen Vorurteilen muss jeder leben, der seine Schüler in Gruppen arbeiten lässt. Das hat auch damit zu tun, dass die Gruppenarbeit oft sehr unprofessionell aufgezogen wird – und deshalb nicht ganz zu Unrecht in Verruf gekommen ist. Dabei sollte man ohnehin eher von kooperativen Arbeitsformen sprechen.

Denn das Lernen im Klassenzimmer lässt sich in unterschiedlichen Sozialformen organisieren – und sie alle haben ihre Berechtigung:

- ☑ Bei der Einzelarbeit ist jeder Schüler auf sich selbst angewiesen. Er muss für sich selbst eine Lösung finden und kann sich nicht vorschnell auf die Zuarbeit anderer verlassen.
- ☑ Bei der Partnerarbeit bilden zwei Banknachbarn ein Team. Deshalb verlangt diese Form des kooperativen Lernens keine größeren Umbauarbeiten. Allerdings geht dieses Arrangement oft zulasten der Konzentration.
- ☑ Bei der Gruppenarbeit treffen Schüler unterschiedlicher Begabung und unterschiedlichen Temperaments aufeinander. Das schafft ein gewisses Reizklima – was für die gemeinsame Arbeit mit Chancen und Risiken verbunden ist.

- Bei der **Arbeit im Aggregat** werden der Tür-, der Mittel- und der Fensterreihe oder den linken und den rechten Banknachbarn unterschiedliche Aufgaben gestellt. So kann ein Thema jeweils unter verschiedenen Aspekten angegangen werden.

Oft bietet sich auch eine Kombination mehrerer Sozialformen an. So gilt inzwischen als Faustregel jeder Gruppenarbeit, dass sich die Schüler zunächst in Einzelarbeit mit einem Thema beschäftigen sollten. Nur so kann vermieden werden, dass sich die Leistungsstärkeren in den Vordergrund drängen und die anderen zu Trittbrettfahrern degradieren. Wenn Sie allen Schülern Zeit lassen, sich zunächst einmal ihre eigenen Gedanken zu machen und sich selbst eine Lösung zurechtzulegen, können sich diese später produktiv in die Gruppenarbeit einbringen.

Dabei ist nicht unwichtig, wie die Gruppen im Einzelnen zusammengesetzt sind:

- Auf die Bildung einer **Freiwilligengruppe** haben Sie als Lehrer keinen Einfluss: Hier finden sich die Schüler zusammen, die gut miteinander können und für die Freundschaft und Sympathie eine hohen Stellenwert haben. Das kann aber auch bedeuten, dass sich die Schüler gegenseitig ablenken und dass bestehende Rollenmuster fortgeführt werden.
- Demgegenüber geht die Zusammenstellung einer **Pflichtgruppe** auf die Initiative des Lehrers zurück: Er stellt die einzelnen Gruppen zusammen und hat dabei vor allem eine gesunde Mischung der Interessen, Begabungen und Verhaltensweisen im Auge. Eine solche Mischung gewährleistet, dass die Gruppenmitglieder voneinander lernen – und dafür lässt sich das zu erwartende Grummeln der Schüler gerne in Kauf nehmen.
- Leichter vermitteln lässt sich den Schüler die Bildung von **Zufallsgruppen**: Hier werden sie einzelnen Gruppen zugelost. Und die Schüler haben in der Regel keine Probleme damit, sich mit ihren Zufallspartnern zu arrangieren. Solche Gruppen sind schnell ausgelost und ohne großen Aufwand zusammengestellt. Oft reicht es schon, wenn man die Schüler von 1 bis 6 durchzählen lässt – und schon haben sich sechs arbeitsfähige Gruppen gebildet.

Bevor sich die Schüler auf unterschiedliche Gruppen aufteilen, sollten Sie allerdings geklärt haben, ob diese Gruppen jeweils dieselben Aufgaben zu bearbeiten oder ob sie arbeitsteilig vorzugehen haben. Im ersten Fall wird es Ihnen leicht gemacht, die Lösungen anschließend vor der ganzen Klasse zu besprechen und zu vergleichen. Allerdings haben viele Schüler hier ein Motivationsproblem: Warum sollen sie sich mit den gestellten Aufgaben herumplagen – wenn später der Lehrer den Lösungsweg und das Ergebnis richtigstellt und die Arbeit in den Gruppen so zu bloßer Makulatur wird? Deshalb sind die Schüler leichter zu motivieren, wenn die Gruppen arbeitsteilig aufgestellt sind: Hier hat jede Gruppe ihre eigene Aufgabe zu erfüllen, die dann anschließend mit den Ergebnissen der anderen Gruppen zu einem großen Ganzen zusammengefügt wird. Damit kommt es auf das Engagement und den Ehrgeiz jeder einzelnen Gruppe an. Mit besonderen Arrangements wie dem „Gruppenpuzzle" oder der „Rohrpost" lässt sich die Arbeitsteilung im Klassenzimmer so organisieren, dass sich dabei auch Bewegung, Spannung und Überraschung einstellen. Und das dürfte auch den Kollegen einleuchten, die der Gruppenarbeit bisher eher skeptisch gegenüberstehen.

Wer es mit der Gruppenarbeit ernst meint und diese im Rahmen seines Unterrichts regelmäßig einplant, wird dafür durch die Motivation und das Engagement seiner Schüler entschädigt. Das gilt vor allem dann, wenn sich diese Form des kooperativen Lernens „eingespielt" hat. Da braucht es immer weniger Zeit, bis die Gruppentische aufgestellt sind und sich die einzelnen Gruppen im Raum verteilt haben. Da haben sich die Gruppen dann auch irgendwie zusammengerauft, sodass die Arbeit durch immer weniger Reibungsverluste belastet ist. Je besser allerdings die Arbeit in der Gruppe funktioniert – umso mehr werden die Schüler darauf drängen, auch die nächste Klassenarbeit oder den nächsten Test im Verbund mit anderen zu schreiben. Darauf müssen Sie eingestellt sein – und dazu müssen Sie sich etwas einfallen lassen.

KOOPERATIVE LERNFORMEN

DIE WICHTIGSTEN GRUPPENARRANGEMENTS

MURMELGRUPPE	Jeweils zwei Banknachbarn bilden mit den vor ihnen sitzenden Mitschülern eine 4er-Gruppe. Diese spontan gebildete Gruppe tauscht sich über eine vom Lehrer aufgeworfene These oder Frage aus.
INNENKREIS – AUSSENKREIS	Die Schüler stellen sich zu zwei Kreisen auf. Jeder Schüler des Innenkreises steht dabei einem Schüler des Außenkreises gegenüber. Beide tauschen sich über ein Thema aus. Dann rücken die Mitglieder des Außenkreises einen Schritt nach rechts – und alle Schüler haben einen neuen Gesprächspartner. Das geht so lange, bis ein Thema erschöpfend behandelt wurde.
ECKENSTEHER	Im Klassenzimmer sind Plakate aufgehängt, auf denen Begriffe, Symbole oder Zeichnungen zu sehen sind. Jeder Schüler begibt sich zu dem Plakat, von dem er sich besonders angesprochen fühlt. Alle Schüler, die sich für ein bestimmtes Plakat entschieden haben, müssen eine gemeinsame Aufgabe bearbeiten oder sich zu einem entsprechenden Thema austauschen.
PLACEMAT	Über jeden Gruppentisch ist ein Packpapier gespannt. Jeder Schüler notiert seine Gedanken zu einem bestimmten Thema auf seiner Ecke des Packpapiers. Dann rücken alle Mitglieder der Gruppe einen Platz weiter. Jetzt ergänzt oder kommentiert jeder Schüler, was er an schriftlichen Gedankenblitzen vorgefunden hat. Was von allen mitgetragen werden kann, wird dann in der Mitte des Tisches schriftlich festgehalten.
GRUPPENRALLYE	Jeder Schüler setzt sich mit einer vorgegebenen Aufgabe in Einzelarbeit auseinander. Dann schließen sich alle Schüler einer Gruppe an. Hier können offene Fragen beantwortet und angedachte Lösungen miteinander verglichen werden. Anschließend lösen sich die Gruppen auf und jeder Schüler legt Rechenschaft über das Gelernte ab, indem er entsprechende Testaufgaben beantwortet. Das geschieht in Einzelarbeit – auch wenn dabei die Anstöße aus den Gruppen in das Ergebnis eingehen.

GRUPPENPUZZLE	Innerhalb einer Stammgruppe werden bestimmte Themen oder Aufgaben unter den Teilnehmern aufgeteilt. Jeder Schüler bemüht sich, als Experte zu seinem Thema bzw. seiner Aufgabe eine sachkundige Antwort zu finden. Dann treffen sich die Schüler aus den unterschiedlichen Stammgruppen, die dieselbe Aufgabe zu beantworten haben, in Expertengruppen, um ihre Lösungen miteinander abzugleichen. Schließlich kehren alle Schüler in ihre Stammgruppen zurück und informieren sich gegenseitig über das, was sie herausbekommen haben.
DEBATTE	Innerhalb einer 4er-Gruppe werden zwei Schüler für die Pro- und zwei Schüler für die Kontra-Position ausgelost. Anschließend wird den Schülern ein Streitthema vorgegeben und die Debatte eröffnet. Dabei argumentiert jeder aus der Position heraus, die ihm das Los zugewiesen hat. Später werden die besten Argumente vor der ganzen Klasse ausgetauscht.
ROHRPOST	Jede Gruppe bearbeitet ein anderes Thema und denkt sich dazu Fragen aus. Diese Fragen werden in einen Behälter gesteckt und an die nächste Gruppe weitergereicht. Die Gruppe beantwortet diese Fragen und übermittelt den Fragestellern ihre Antworten. Diese korrigieren die Lösungen der anderen und geben ihnen ein Feedback. So sind schließlich alle Schüler mit den Themen befasst, mit denen sich die einzelnen Gruppen beschäftigt haben.

Das erste Mal ... EINEN LERNZIRKEL PLANEN

Daniel tut gut daran, in dieser Nacht seine Jogginghose anzubehalten. Er ist mit seiner 10.Klasse heute in ein ländliches Tagungshaus eingezogen. Und der junge Kollege weiß: Die erste Nacht ist immer die schwerste. Tatsächlich muss er immer wieder die Zimmer der Jungen aufsuchen, weil hier einfach keine Ruhe einkehren will. Bei seinen nächtlichen Streifzügen gerät Daniel in ein Zimmer, in dem gerade ein Trinkspiel der ganz besonderen Art stattfindet: In der Mitte des Raums ist ein Parcours aus mehreren Tischen aufgebaut, auf denen die Mitspieler jeweils ein alkoholisches Getränk vorfinden. Davon haben sie mit verbundenen Augen zu probieren und dann zu erraten, was es da Feines zu schlürfen gibt. Ein reichlich alkoholisierter Schüler erläutert dem aufgebrachten Lehrer das gesamte Arrangement: „Das hier ist so eine Art Lernzirkel."

Auf den ersten Blick hat der Schüler nicht einmal Unrecht: Tatsächlich geht es bei einem Lernzirkel vordergründig darum, mehrere Stationen zu absolvieren und dabei unterschiedliche Aufgaben zu lösen. Deshalb spricht die einschlägige Literatur hier auch von einem **Lernen an Stationen**. Das alles erinnert ein bisschen an den Sportunterricht. Und die Erfinder dieser Methode haben sich tatsächlich das Zirkeltraining zum Vorbild genommen, wie es in vielen Turnhallen längst gängige Praxis ist. Allerdings sind die Anforderungen an einen Lernzirkel komplexer als das ein alkoholisierter Zehntklässler abzuschätzen vermag.

So zeichnet sich ein Lernzirkel dadurch aus, dass …

- ☑ die Schüler frei entscheiden können, in welcher Reihenfolge sie die einzelnen Stationen absolvieren wollen und wie viel Zeit sie dafür einkalkulieren.
- ☑ für die einzelnen Stationen unterschiedliche Schwierigkeitsgrade, Methoden und Sozialformen vorgesehen sind.
- ☑ die Aufgaben so strukturiert sind, dass die Schüler ihre Ergebnisse selbst kontrollieren oder durch andere überprüfen lassen.
- ☑ alle Sinne beansprucht werden sollen, dass es also an den einzelnen Stationen etwas zum Knobeln, Sehen, Hören, Greifen oder Riechen gibt.

Um den Schülern die Orientierung auf einem solchen Parcours des selbstbestimmten Lernens zu erleichtern, erhält jeder von ihnen einen **Laufzettel**. Hier ist jeweils vermerkt, welche Aufgabe in welcher Konstellation und mit welchem Erfolg absolviert wurde. Der Laufzettel gibt auch Auskunft darüber, welche Gruppentische als **Pflichtstationen** absolviert werden müssen – und wo die Schüler eine **Wahlstation** erwartet, die von ihnen nach Lust und Laune aufgesucht werden kann. Darüber hinaus planen manche Lehrkräfte auch eigene **Entspannungsstationen** ein, weil sie wissen, dass ihre Schüler über eine nur begrenzte Kondition verfügen. Zur Planung eines Lernzirkels gehört auch der Aufbau eines **Helfersystems**: So ließe sich für jede Station jeweils ein verantwortlicher Schüler bestimmen, bei dem sich die anderen Rat und Hilfe holen können. Da sich ein Lernzirkel immer über mehrere Stunden erstreckt, beginnen manche Kollegen eine neue Stunde jeweils mit meinem **Gesprächskreis**, um die individuellen Erfahrungen und Probleme im Klassendiskurs zusammenzuführen. Denn der Lernzirkel soll nicht zu einer Zerfaserung des Klassenverbandes führen.

Die Akzeptanz eines Lernzirkels hängt vor allem von der Qualität der gestellten Aufgaben ab. Hier erwarten die Schüler zu Recht ein großes Maß an Vielfalt und Abwechslung. Es kann also nicht damit getan sein, ein paar Arbeitsblätter zu kopieren und diese auf den Gruppentischen zu verteilen – und das alles in der Hoffnung, dass sich die Schüler damit schon irgendwie beschäftigen ließen. Denn „die Verpflichtung auf ein Lernen mit vielen Sinnen und das Streben nach vielfältiger Eigentätigkeit verbieten dies.“[22] Dabei können Sie unter unterschiedlichen Aufgabenformaten wählen, mit denen sich die Schüler an den einzelnen Stationen zu beschäftigen haben.

Diese Formate lassen sich an einem Lernzirkel zum Thema „Afrika" veranschaulichen:

- Bei **Reproduktionsaufgaben** müssen sich die Schüler bestimmte Lerninhalte aneignen, um darüber später Rechenschaft abzulegen. *(So kann es ihre Aufgabe sein, sich mithilfe des Internets einen Überblick über die naturräumliche Gliederung Afrikas zu verschaffen.)*
- **Knobelaufgaben** verlangen von den Schülern, sich bestimmte Sachverhalte zu erklären oder eigene Lösungswege zu entwickeln. *(So können sie anhand stummer Diagramme herauszufinden haben, welche Sozialdaten sich ausgewählten Ländern des afrikanischen Kontinents zuordnen lassen.)*
- **Lernspiele** helfen den Schülern, sich die notwendigen Informationen mit einem gewissen Lustgewinn zu beschaffen. *(So ließe sich die Tierwelt des tropischen Regenwaldes mit einem Klassiker des Lernspiels erschließen: dem Memory.)*
- **Rechercheaufgaben** verlangen von den Schülern, sich durch die Verwendung von Lexikon, Atlas oder Wörterbuch auf eigene Faust in einen Themenbereich einzuarbeiten. *(So könnte ihnen der Atlas helfen, die Klima- und Vegetationszonen Afrikas zu bestimmen und diese topografisch zu verorten.)*
- **Kreative Aufgaben** fordern die Eigeninitiative und den Erfindungsreichtum der Schüler heraus. *(So könnten sie an einer Lernstation darüber nachzudenken haben, wie sich die Wüste Sahara bewässern und in fruchtbares Ackerland verwandeln ließe.)*
- **Aufgaben zum Sehen, Hören, Fühlen, Riechen und Schmecken** sprechen vor allem diejenigen Schüler an, die sich von der kognitiven Monokultur des Unterrichts bald gelangweilt abwenden. *(So könnten die Schüler die Aufgabe haben, im Rahmen eines Riech-Kinos die wichtigsten Exportfrüchte Afrikas zu identifizieren.)*
- **Entspannungsangebote** sorgen dafür, dass die Schüler vor einer lückenlosen Didaktisierung des Lernzirkels verschont bleiben. *(So könnte sie eine Entspannungsstation dazu einladen, mithilfe eines MP3-Players in die musikalischen Welten des afrikanischen Kontinents einzutauchen.)*

Sie selbst können dem ersten Lernzirkel eher entspannt entgegensehen. Denn diese Unterrichtsmethode kommt auch ohne den gestresst herumwuselnden Lehrer aus: Hier sind die Schüler so beschäftigt, dass Sie sich kaum noch einmischen müssen. Und nach einer gewissen Eingewöhnungszeit wird sich auch die Unruhe im Klassenzimmer auf ein vertretbares Maß eingependelt haben. Allerdings sollten Sie nicht unterschätzen, welcher Aufwand mit der Ausarbeitung eines solchen Lernzirkels verbunden ist: So werden Sie sich nicht nur ganz unterschiedliche Aufgaben auszudenken haben – sondern auch dafür sorgen müssen, dass hier jeder Schüler seine Arbeitsergebnisse selbst überprüfen kann. Das aber ist von einem einzelnen Lehrer kaum zu leisten.

TIPP

Schlagen Sie deshalb vor, dass die nächste Sitzung ihrer Fachgruppe durch einen Werktag ersetzt wird: Hier können die beteiligten Kollegen gemeinsam einen solchen Lernzirkel ausarbeiten. Dieser geht dann in den Besitz der Schule über und kann auch später noch in den entsprechenden Jahrgangsstufen eingesetzt werden. Mit der Zeit kommt so ein ansehnlicher Bestand an solchen Materialien zum Stationenlernen zusammen. Und Sie müssen keine Angst mehr haben, sich selbst ausbeuten zu müssen – nur um Ihren Schülern eine solche abwechslungsreiche und attraktive Form des Lernens anbieten zu können. ■

Das erste Mal ... MIT OFFENEN UNTERRICHTSFORMEN ARBEITEN

Herr Bollmann gilt als ein ebenso umgänglicher wie geselliger Kollege. Allerdings reißt sich keiner darum, eine seiner Klassen zu übernehmen und ihn damit als Fachlehrer zu beerben.
Als ihm Alexandra in der 7d nachfolgt, bestätigt sich diese Befürchtung schon in der ersten Stunde. Denn noch bevor sich die junge Kollegin den Schülern der 7d vorgestellt hat, wollen diese von ihr wissen: „Wie ist das eigentlich bei Ihnen in der 6. Stunde? Wollen Sie da Deutsch geben – oder können wir offenen Unterricht machen? So wie bei Bolle."
Ein Mädchen aus der ersten Reihe klärt die ratlose Lehrerin auf: „Da konnten wir nämlich machen, was wir wollten: Hausaufgaben, Stadt-Land-Fluss oder uns mit dem Smartphone beschäftigen."

Die Schüler dieser 7. Klasse scheinen zu ahnen, dass es sich beim offenen Unterricht um einen ebenso unscharfen wie schillernden Begriff handelt, mit dem sich alles und nichts in Verbindung bringen lässt. Klar ist dabei nur so viel: Der offene Unterricht versteht sich als ein Gegenentwurf zum Frontalunterricht. Und so wie dieser von Anfang bis Ende lehrergelenkt ist, steigen die Schüler im offenen Unterricht zu handelnden Akteuren auf.

Ob also Freiarbeit auf dem Stundenplan steht, ob der Unterricht in Form eines Lernbüros organisiert ist oder ob die Schüler mit einem Projekt beschäftigt sind – immer haben sie selbst zu entscheiden, ...

- ☑ an welchem Thema sie arbeiten wollen,
- ☑ welchen Zeitpunkt sie dafür wählen,
- ☑ welcher Methode sie sich dabei bedienen,
- ☑ welche Sozialform ihnen angemessen erscheint,
- ☑ wie sie die Ergebnisse ihrer Arbeit präsentieren wollen.

Das klingt nach einer Kulturrevolution im Klassenzimmer. Und in vielen Fällen kommt der offene Unterricht einer solchen Umwälzung aller pädagogischen Werte gleich. Dennoch muss es gute Gründe dafür geben, dass sich immer mehr Lehrkräfte für solche Formen des offenen Lernens entscheiden, die über viele Jahrzehnte hinweg ein Alleinstellungsmerkmal privater Reformschulen waren. Offensichtlich wird der Frontalunterricht den Bedürfnissen der Schüler immer weniger gerecht. Das könnte auch daran liegen, dass die Klassen heute immer heterogener zusammengesetzt sind, dass ein Lernen im Gleichschritt deshalb immer weniger funktioniert. Ein Unterricht, der die individuellen Befindlichkeiten seiner Schüler ignoriert, wird diese weder kognitiv noch emotional erreichen können. Und gerade in dieser Hinsicht schneidet das offene Lernen besser ab als jeder Frontalunterricht. Natürlich können sich viele Lehrer nicht vorstellen, das Heft des Handelns abzugeben und die Verantwortung für ein erfolgreiches Lernen den Schülern zu übertragen.

Deshalb sollten Sie auf entsprechende Auseinandersetzungen im Lehrerzimmer vorbereitet sein – um die Vorbehalte und Vorurteile der Kollegen mit guten Argumenten entkräften können:

„Schüler sind damit überfordert, ihr Lernen selbst zu organisieren. Deshalb kann der offene Unterricht nur in Chaos und Frust enden."

→ Das selbstständige Arbeiten lässt sich lernen wie Lesen und Schreiben. Im Rahmen des offenen Unterrichts lernen die Schüler Schritt für Schritt, eigenverantwortlich zu agieren, die Ergebnisse ihrer Arbeit zu kontrollieren und den gesamten Lernprozess zu reflektieren.

„Die Erfahrung zeigt, dass Schüler immer den Weg des geringsten Widerstands wählen. Sie werden sich deshalb nur solche Aufgaben zumuten, die ihnen leichtfallen – nur um sich nicht anstrengen zu müssen."

→ Basis des offenen Unterrichts sind gemeinsame Vereinbarungen von Schülern und Lehrern. In ihnen ist festgehalten, mit welchen Themen und Inhalten sich ein Schüler beschäftigt und welchen Schwierigkeitsgrad er sich dabei zutraut. Der Lehrer ist an der Arbeitsplanung also immer beteiligt. Ihm ist deshalb auch zuzutrauen, den einen oder anderen Leichtmatrosen wieder auf Kurs zu bringen.

„Im offenen Unterricht beschäftigen sich die Schüler einmal mit dieser und dann wieder mit jener Aufgabe. Dabei wären sie darauf angewiesen, dass die einzelnen Lerninhalte aufeinander aufbauen."

→ Von der Hirnforschung könnten wir lernen, dass es keinen Königsweg der Erkenntnis gibt: Während sich der eine Stufe für Stufe vorarbeitet, kommt der andere eher auf verschlungenen Pfaden zum Ziel. In diesem Zusammenhang erinnert der Reformpädagoge Célestin Freinet daran, dass der Weg nach oben für uns Menschen über die Treppe führt – dass der Adler aber auch ohne ein solches Konstrukt oben ankommt. [23]

„Wer nicht weiterweiß oder an einer Aufgabe scheitert, ist im offenen Unterricht ganz auf sich selbst gestellt – weil hier niemand ist, der ihm weiterhelfen könnte."

→ Für jede Form des offenen Lernens stehen entsprechende Helfersysteme zur Verfügung. So kann sich der Lehrer ganz auf seine Funktion als Berater und Ansprechpartner konzentrieren. Außerdem ist der Schüler hier oft in ein Team eingebunden, in dem sich die Schüler gegenseitig weiterhelfen. Wer selbstständig arbeitet, ist deshalb noch lange nicht allein.

„Es fehlt den Schülern im offenen Unterricht an der notwendigen Rückmeldung. Ein Schüler kann daher gar nicht einschätzen, wie gut oder schlecht er gearbeitet hat."

→ Mit ihrem Lehrer vereinbaren die Schüler zu Beginn einer Arbeitsphase, auf welches Ergebnis sie hinarbeiten wollen. An diesem Maßstab für ihren Lernerfolg können sie selbst überprüfen, wie weit sie jeweils gekommen sind und was es für sie noch zu tun gibt. Außerdem haben es die Schüler im offenen Unterricht immer wieder mit Aufgaben zu tun, bei denen sie sich selbst kontrollieren oder ihre Leistung von anderen bewerten lassen.

„Unter den Bedingungen des offenen Unterrichts zerfällt die Klasse in ein beliebiges Ensemble vor sich hin werkelnder Einzelgänger. Hier muss jedes Gemeinschaftsgefühl verloren gehen."

→ Es sei einmal dahin gestellt, inwieweit ein Gemeinschaftsgefühl unter den Bedingungen des Frontalunterrichts gedeihen kann. Der offene Unterricht wird durch institutionalisierte Formen des sozialen Austauschs flankiert – wie den Morgenkreis und den Klassenrat. Außerdem steht es den Schülern frei, die selbst gewählten Aufgaben im Verbund mit anderen zu bearbeiten; und die meisten Schüler machen von dieser Möglichkeit eines kooperativen Lernens gerne und rege Gebrauch.

Natürlich tun Sie sich keinen Gefallen, wenn Sie einen solchen Systemwechsel von heute auf morgen vollziehen – und sich dabei auch noch in der Pose des pädagogischen Draufgängers gefallen. Der offene Unterricht ist eine interessante Alternative; noch fehlt es Ihnen und Ihren Schülern aber an der nötigen Praxis. Lieber sollten Sie das Prinzip des offenen Lernens erst einmal im Rahmen einzelner Unterrichtssequenzen ausprobieren und sich dabei selbst schlaumachen.

So bietet es sich an, ...

- ☑ die **Projektwoche** Ihrer Schule zu nutzen, um hier die Schüler selbstbestimmt agieren zu lassen und um sich selbst mit der Rolle des Anregers und Ratgebers anzufreunden.
- ☑ in Ihren Klassen die Tradition der **Jahresarbeit** neu zu begründen und für diesen Versuch auch andere Fachkollegen oder eine ganze Fachschaft zu gewinnen.
- ☑ eine Unterrichtseinheit nach dem Vorbild der **Lernspirale** zu konzipieren und hier von Anfang an einen Wechsel der Methoden und der Sozialformen vorzusehen.
- ☑ sich mit anderen Fachlehrern auf die Einrichtung eines **Stundenpools** zu verständigen: Dabei tritt jeder Kollege eine Wochenstunde ab, in der die Schüler dann nach den Prinzipien der **Freiarbeit** lernen – und das über alle Fachgrenzen hinweg.

Auch der Aufbruch in das noch unbekannte Terrain des offenen Unterrichts beginnt mit einem ersten Schritt. Kollegen, die diese Erfahrung schon hinter sich haben, wissen von den Skrupeln und Zweifeln zu berichten, die ihnen dieser Aufbruch zunächst gekostet hat. Das werden Sie ganz ähnlich erleben, vor allem, wenn Sie neu an der Schule sind und sich hier noch nicht so recht etablieren konnten.

FORMEN DES OFFENEN UNTERRICHTS

FREIARBEIT	Den Schülern steht ein breites Angebot geeigneter Lern- und Arbeitsmaterialien zur Verfügung, aus denen sie eine Auswahl treffen. Sie bearbeiten die selbst gewählten Aufgaben alleine oder zusammen mit anderen. Auf einem **Berichtsbogen** wird festgehalten, mit welchen Materialien sich die Schüler beschäftigt haben und was es für sie hier noch zu tun gibt.
ENTDECKENDES LERNEN	Die Schüler können nicht auf vorhandene Materialien zurückgreifen, sondern sind lediglich auf Phänomene ihrer Alltags- und Umweltwahrnehmung verwiesen. Aus diesen entwickeln sie Fragestellungen, die sie dann eigenständig zu beantworten suchen. Darüber geben sie in Form eines **Lerntagebuchs** Auskunft. Die Methode des entdeckenden Lernens hat sich vor allem im Zusammenhang mit naturwissenschaftlichen Lerninhalten durchgesetzt.
LERNBÜRO	Hier entscheiden die Schüler jeweils zu Unterrichtsbeginn, zu welchem Thema und in welcher Gruppe sie arbeiten wollen. Sie haben dazu zwischen ganz unterschiedlichen Lernbüros zu wählen. Jeder Schüler führt ein **Logbuch** über den Fortgang seiner Arbeiten und hält darin fest, über welche Kompetenzen er bereits verfügt.
LERNSPIRALE	Vorgegeben ist ein übergeordnetes Thema, mit dem sich die Schüler unter ganz unterschiedlichen Aspekten beschäftigen. Dazu bearbeiten sie entsprechende Aufgaben in Einzel-, Partner- und Gruppenarbeitsphasen. Durch das Prinzip der Wiederholung und den Wechsel der Sozialformen ist gewährleistet, dass jeder Schüler seine eigenen Ressourcen ausschöpft – dass die Schüler aber auch miteinander und voneinander lernen.
LERNWERKSTATT	Die Schüler suchen eine Einrichtung auf, in der auf sie ein breites Sortiment von Materialien, Werkzeugen und Geräten wartet. Damit ist eine anregende Lernumgebung geschaffen, in der die Schüler von sich aus aktiv werden – um sich als Handwerker, Forscher oder Künstler zu betätigen. Der Aufforderungscharakter einer Lernwerkstatt ist dem Unterweisungscharakter jeder Schule weit überlegen.

WOCHENPLAN	Der Wochenplan strukturiert die Freiarbeit und steckt einen verbindlichen Arbeitsrahmen ab. Deshalb wird zu Beginn der Woche festgelegt, welche Aufgaben sich ein Schüler vornimmt und wie dabei für eine gewisse Ausgewogenheit gesorgt ist. Innerhalb des Wochenplans sind die Schüler in ihren Entscheidungen frei. Nach Abschluss der Woche aber sollte das vereinbarte Aufgabenkontingent bearbeitet sein.
PROJEKT	Die Schüler nehmen sich gemeinsam vor, an einem bestimmten Thema zu arbeiten und dazu ein ganz konkretes Produkt vorzulegen. Dabei sollen möglichst viele Sinne angesprochen, möglichst viele Methoden ausprobiert und möglichst viele Fächer eingebunden werden. Außerdem sind an einem Projekt auch außerschulische Lernorte und Kooperationspartner zu beteiligen.
JAHRESARBEIT	Jeder Schüler nimmt sich vor, bis zum Ende des Schuljahres einen komplexen Gegenstand zu erforschen und die Ergebnisse seiner Nachforschungen in einer optisch eindrucksvollen Form zu präsentieren. Die zeitliche Planung der Jahresarbeit ist ihm freigestellt – ebenso wie die Unterstützung, die er von außerschulischen Partnern zu erwarten hat.

Das erste Mal ... DIFFERENZIERTE AUFGABEN STELLEN

Einmal im Jahr werden die Gymnasien am Ort zu Schaufernstern in eigener Sache. Dann nämlich sind die Eltern der künftigen Fünftklässler eingeladen, um sich ein Bild von der pädagogischen Arbeit der einzelnen Schulen zu machen.
Ein solcher Infoabend ist für jede Schule überlebenswichtig. Denn wer hier einen guten Eindruck hinterlässt, kann mit guten Anmeldezahlen rechnen. Obwohl Jorge hier erst seit einem halben Jahr unterrichtet, wird er zum Infoabend seiner neuen Schule abgeordnet. Denn die möchte bei den Eltern mit vielen jungen Lehrern punkten.
Was der Schulleiter dann aber den Eltern erzählt, empfindet Jorge doch als reichlich altbacken. So gibt dieser sich als ein letzter Anwalt des gegliederten Schulwesens zu erkennen: „Sie werden es bedauerlich finden, dass sich die Kinder schon in der 4. Klasse entscheiden müssen, auf welche Schulart sie überwechseln wollen. Aber wir am Gymnasium wissen diesen frühen Übertritt zu schätzen. Denn so können wir davon ausgehen, dass wir es an unserer Schule mit einem einheitlichen Leistungsniveau zu tun haben. Wir können hier richtig Tempo machen, weil es die Begriffsstutzigen und die Fußlahmen ohnehin nichts bis aufs Gymnasium schaffen. Wenn die Differenzierung schon im System stattfindet – dann muss man sich damit nicht im Klassenzimmer herumärgern."

Was der Schulleiter da den künftigen Eltern erzählt, ist barer Unsinn. Denn alle Studien zur pädagogischen Qualität unserer Schulen kommen zum selben Ergebnis: In allen Schularten haben es die Lehrkräfte mit Schülern zu tun, die sich hinsichtlich ihrer Begabung, ihres Temperaments, ihrer Motivation oder ihrer Arbeitshaltung ganz erheblich voneinander unterscheiden. Hier ein „einheitliches Leistungsniveau" zu vermuten, ist allenfalls ein frommer Wunsch, der durch die pädagogische Realität täglich von Neuem widerlegt wird.

So haben es die Lehrkräfte in allen Schularten mit jungen Leuten zu tun, ...

- ☑ die mit einem Handicap aufwachsen *oder* davon ganz unbelastet sind.
- ☑ die eher an theoretischen *oder* an praktischen Herausforderungen lernen.
- ☑ die schneller lernen *oder* die sich etwas mehr Zeit lassen.
- ☑ die sich einen Inhalt eher über das Sehen *oder* über das Hören aneignen.
- ☑ die besser lernen, wenn sie alleine *oder* wenn sie in der Gruppe arbeiten.
- ☑ die aus bildungsaktiven *oder* aus bildungsfernen Familien kommen.
- ☑ die mit *oder* ohne Migrationshintergrund heranwachsen.

In jeder Klasse trifft der Lehrer deshalb auf eine vielfältige Begabungslandschaft, die man auch mit den Mitteln der äußeren Differenzierung nicht hat begradigen können. Weder durch die Aufteilung der Schüler auf verschiedene Schularten noch durch ein breites Angebot an Fördermaßnahmen hat sich die Heterogenität aus dem Klassenzimmer bisher verscheuchen lassen. Jeder Schüler ist eben anders – und nur darin sind sich alle gleich.

Vor diesem Hintergrund wird das Unterrichten nicht einfacher. So schildert der Arbeitsphysiologe Wolf Müller-Limmroth in sehr eingängiger Weise, wie sich die heterogene Zusammensetzung einer Schulklasse auf die Praxis der pädagogischen Arbeit auswirkt:

„Der Lehrer hat die Aufgabe, eine Wandergruppe von Spitzensportlern und Behinderten bei Nebel durch unwegsames Gelände in nordsüdlicher Richtung zu führen, und zwar so, dass alle bei bester Laune und möglichst gleichzeitig an drei verschiedenen Zielorten ankommen." [24]

Weil sich nicht alle Schüler über einen Kamm scheren lassen, verbietet sich jede Form pädagogischer Gleichmacherei. Stattdessen sollte jeder Schüler Anspruch auf individuelle Förderung und auf ein differenziertes Lernangebot haben. Und hier steht die Unterrichtsentwicklung wirklich noch ganz am Anfang. Viel zu lange ging man in der Pädagogik davon aus, dass man auf individuelle Unterschiede keine weitere Rücksicht zu nehmen habe, setzte man deshalb auf ein Lernen im Gleichklang und auf methodische Uniformität. Wenn Sie sich also mit der Differenzierung im Klassenzimmer noch schwertun – dann spiegeln sich darin lediglich die Versäumnisse früherer Lehrergenerationen.

Jede pädagogische Differenzierung beginnt damit, dass Sie den Schülern unterschiedliche Aufgaben stellen – so wie Sie es ja auch mit einer ganz unterschiedlichen Klientel zu tun haben.

Dabei bieten sich Ihnen vier Differenzierungsmöglichkeiten an:

Differenzierungsaspekt	Beispiel
Sie können die Schüler zwischen unterschiedlichen **Themen** wählen lassen.	Die Schüler entscheiden sich für ein Thema, das sie gerne bearbeiten würden. Am **Lernbuffet** decken sie sich dann mit Fotos, Texten, Karten oder Statistiken ein, die ihnen dabei helfen könnten.
Sie können Aufgaben unterschiedlichen **Schwierigkeitsgrads** anbieten.	Bei einer **Leiteraufgabe** steigert sich das Anspruchsniveau von Sprosse zu Sprosse. Nur wer eine Aufgabe richtig bearbeitet hat, darf zur nächsten Frage wechseln – und sich damit höheren Ansprüchen stellen.
Sie können den Schülern unterschiedliche **Methoden** zur Auswahl stellen.	Die Klasse teilt sich in unterschiedliche **Gilden** auf: Jede Gilde spezialisiert sich dabei auf eine bestimmte Methode. Dann wird der Klasse ein Thema vorgegeben – und jede Gilde bearbeitet dieses im Rahmen ihrer besonderen methodischen Vorgehensweise.
Sie können sie zwischen unterschiedlichen **Sozialformen** wechseln lassen.	Beim **Placemat** ist über jeden Gruppentisch ein Bogen Packpapier gespannt. Hier notiert jeder Schüler auf seiner Tischecke eigene Überlegungen zum Thema – bevor dann gewechselt und das Geschriebene von den Nachrückern ergänzt oder korrigiert wird.

Wer auf dem Gebiet der Binnendifferenzierung erste Erfahrungen sammeln möchte, sollte bei den täglichen Hausaufgaben ansetzen: Hier können Sie sich z. B. **Knobelaufgaben** einfallen lassen – ein besonderes Schmankerl für die Schüler, die sich durch die oft schematisch gestellten Routineaufgaben unterfordert fühlen. Oder Sie können an die Hausaufgaben jeweils eine freiwillige **W-Aufgabe** anhängen – zur Wiederholung früherer Lektionen und zur Auffrischung des oft bereits verdrängten Wissens. Wenn Sie dann auch bei den im Unterricht gestellten Aufgaben differenzieren wollen, sollten Sie die Schüler zwischen unterschiedlichen Angeboten wählen lassen. Diese Form der **Angebotsdifferenzierung** erspart Ihnen, die Schüler irgendwelchen Niveaugruppen zuzuschlagen und sie damit für alle Zeit zu stigmatisieren. Oft wissen Ihre Schüler selbst am besten, welche Aufgaben für sie lösbar sind – ohne sie jeweils zu unter- oder zu überfordern. Bis das Prinzip der Differenzierung aber auch bei Klassenarbeiten zum Einsatz kommt, werden noch viele Gesetze, Verordnungen und Erlasse nötig sein. Und die Kultusbürokratie ist bekanntlich geduldiger als Sie sich das als Lehrer jemals leisten könnten. ■

Das erste Mal ... EIN PORTFOLIO EINSETZEN

Vertretungsstunde in einer 6. Klasse: Weil die Schüler mit ihrer Stillarbeit beschäftigt sind, kann sich Verena in der Klasse ein bisschen umsehen. Auf dem Platz einer gewissen Kimberley fällt ihr ein Heft ins Auge, wie man es in unseren Klassenzimmern kaum noch findet: Die Schrift ist wie gestochen, die Titel sind in bunten Farben gehalten und am Rand ist jeweils das Datum vermerkt.
Kein Wunder, dass sich unter vielen Einträgen ein Smiley findet – als eine Anerkennung der Lehrerin für Ordnung und Sauberkeit. Die Einträge selbst entsprechen eher dem tradierten Standard: Regeln zu Grammatik und Rechtschreibung, Übungsaufgaben aus dem Sprachbuch, ab und zu ein Aufsatz, regelmäßig ein Diktat.
„Das ist aber ein tolles Heft", lobt die angehende Deutschlehrerin. Doch die selbstbewusste Kimberley korrigiert: „Kein Heft – ein Portfolio!" Und tatsächlich heißt es auf dem Etikett: „Deutsch-Portfolio für Kimberley Kundmüller".

Portfolios liegen derzeit tatsächlich im Trend. Kaum eine Schule, die ohne eine solche Neuerung auskäme. Kimberleys Beispiel beweist aber auch: Durch eine Umetikettierung allein wird man dieser Entwicklung kaum gerecht.

Zwar dokumentieren sowohl das Heft wie das Portfolio den Prozess des Lernens, aber ...

- ☑ das Heft gibt Auskunft über das, was den Schülern beigebracht wurde und womit sich der Unterricht beschäftigt hat.
- ☑ das Portfolio hält fest, was bei den Schülern tatsächlich angekommen ist und wie sich ihnen der Prozess des Lernens dargestellt hat.

Insofern steht der Übergang vom Heft zum Portfolio für einen pädagogischen Paradigmenwechsel: Vom Lehren zum Lernen, vom Input zum Output, von der Lehrerfixierung zur Schülerorientierung. Deswegen verrät das Heft auch viel mehr über den Lehrer und über sein Verständnis des schulischen Lernens – während das Portfolio eher etwas über die Arbeitsweise des Schülers und seine Annäherung an den Lerngegenstand erzählt.

Vorbild des modernen Portfolios sind dabei jene Mappen, mit denen in der Zeit der Renaissance die fahrenden Schüler unterwegs waren und in denen sie Texte, Mitschriften, Skizzen oder eigene Versuche aufbewahrten. So wie heute könnte schon damals gegolten haben: „Das Portfolio erzählt die Geschichte des Lernens." [26] Ihre Schüler müssen nicht von Stadt zu Stadt und von Autorität zu Autorität geeilt sein, um die Geschichte ihres Lernens erzählen zu können. Dazu dürfte heute schon beim Besuch einer Regelschule genügend Material abfallen.

Gemeinsam ist den Portfolios, wie sie heute das schulische Lernen begleiten und dokumentieren, dass ...

- jedes Portfolio eigene und fremde Texte enthält und hier deshalb aktuelle Werkproben ebenso ihren Platz haben wie Zertifikate oder Gutachten.
- jedes Portfolio auf die individuelle Persönlichkeit eines Schülers zugeschnitten ist und deshalb auch jedes Portfolio ganz anders ausfällt.
- jedes Portfolio auf die subjektive Auswahl eines Schülers zurückgeht und hier nur solche Dokumente verwahrt werden, die diesem wirklich wichtig sind.
- jedes Portfolio auch eine Reflexion über die eigenen Lernerfahrungen enthält und hier das Lernen selbst zum Thema wird.

Über solche Gemeinsamkeiten hinaus sind inzwischen sehr unterschiedliche Formate der Portfolioarbeit im Einsatz, deren Eignung sich jeweils aus der konkreten pädagogischen Situation ergibt:

RECHERCHEPORTFOLIO	Die Schüler tragen Texte, Fotos, Skizzen, Karten, Statistiken und andere Fundstücke zusammen, die ihnen in Zusammenhang mit einem bestimmten Thema aufgefallen sind und die dieses Thema aus unterschiedlichen Blickwinkeln beleuchten.
PRÄSENTATIONSPORTFOLIO	Die Schüler tragen alle Materialien zusammen, die ihnen bei der Vorbereitung eines Referats geholfen haben und auf die sie bei dessen Präsentation zurückgreifen wollen.
ARBEITSPORTFOLIO	Die Schüler sammeln und kommentieren alle Materialien, an denen sich der Prozess ihres individuellen Lernens festmachen lässt. Sie beobachten dabei insbesondere, was ihnen bei der Auseinandersetzung mit einem Gegenstand geholfen und was sich eher als hinderlich erwiesen hat.

BEURTEILUNGSPORTFOLIO	Hier schlägt sich ähnlich wie im Arbeitsportfolio nieder, was das Lernen eher gefördert und was es eher belastet hat. Allerdings werden die Dokumente und ihre Kommentierung durch den Schüler hier jeweils vom Lehrer bewertet. Damit kann das Beurteilungsportfolio auch eine Klassenarbeit ersetzen.
ENTWICKLUNGSPORTFOLIO	Die Schüler geben Auskunft darüber, wie sie sich bestimmte Methoden angeeignet haben und was ihnen dabei leichter oder schwerer gefallen ist. Das Entwicklungsportfolio erzählt die Geschichte des Methodenlernens – und das über einen längeren Zeitraum.
BEWERBUNGSPORTFOLIO	Die Schüler der Abschlussklasse sammeln alle Belege, mit denen sich ihr schulischer Werdegang dokumentieren lässt. In das Bewerbungsportfolio gehen auch alle außerschulisch erworbenen Zertifikate und Bescheinigungen ein.

Wie für alle pädagogischen Innovationen gilt auch hier: Lassen Sie sich keine Neuerungen aufdrängen, von denen Sie nicht selbst überzeugt sind und bei denen Sie sich nicht wirklich sicher fühlen! Die Arbeit mit Portfolios kann Ihren Schülern dabei helfen, sich den Prozess des eigenen Lernens bewusst zu machen und damit zunehmend Verantwortung für diesen zu übernehmen. Aber sowohl Sie wie Ihre Schüler müssen erst allmählich Erfahrungen mit dieser Form des Methodendiskurses machen. Deshalb sollten Sie hier so niederschwellig wie möglich vorgehen: So könnten Sie von den Schülern verlangen, im Zusammenhang mit einem Referat jeweils ein Präsentationsportfolio vorzulegen. Ebenso könnten Sie mit Ihrer Klasse vereinbaren, dass jeder Schüler ein Bewerbungsportfolio anlegt und damit vielleicht sogar seine Chancen auf dem Ausbildungsmarkt verbessert. Als ein attraktiver Einstieg in die Dokumentation von Lernprozessen hat sich das Rechercheportfolio erwiesen, das die Schüler vielleicht schon als Sammelsurium kennengelernt haben: Zu Beginn einer neuen Unterrichtseinheit tragen sie hier alles zusammen, was sie dazu im Internet und in der Literatur, in der Natur und in der Nachbarschaft finden können. Von Ihnen kommen dazu die Vorgaben, damit sich der ganze Trödel lichtet und die Schüler nicht zu Opfern ihrer eigenen Sammelwut werden. So tasten Sie sich zusammen mit Ihren Schülern auf ungewohntem Terrain heran. Mit Goethe sei Ihnen zu wünschen, dass sich dabei die Tür zu einem Königreich auftut. ■

4

Das erste Mal … EIN UNTERRICHTSPROJEKT PLANEN

Zu Susannes Urlaubslektüre gehört auch der Jahresbericht ihrer neuen Schule. So will sie sich ein Bild von ihrer künftigen Wirkungsstätte machen, um ihren Dienst gut vorbereitet und umfassend informiert anzutreten. Manche Kapitel des Jahresberichts überblättert sie lieber – wie „Religiöses Leben", „Sportliche Erfolge" oder den „Bericht des Fördervereins". Andere interessieren sie wirklich. Und dazu gehört auch ein Kapitel über „Projekte". Allerdings verbirgt sich dahinter wohl eher eine Chronik der Unterrichtsgänge, Museumsbesuche und Exkursionen. Darauf verweisen Überschriften wie „Ein Nachmittag im Streichelzoo", „Besuch der städtischen Kläranlage" oder „Hinter den Kulissen eines Fast-Food-Restaurants". Das stimmt Susanne doch etwas nachdenklich. Denn unter einem „Projekt" hat sie sich irgendwie etwas ganz anderes vorgestellt.

Susanne hat Recht: Nicht alles, was über den engen Horizont des Regelunterrichts hinausweist, ist schon ein Projekt. So handelt es sich noch nicht um ein Projekt, wenn sich eine Klasse über einen längeren Zeitraum mit einem bestimmten Thema beschäftigt – sondern eher um eine Unterrichtseinheit. So sollte man auch nicht von einem Projekt sprechen, wenn eine Klasse gemeinsam zum Wandern, Zelten oder Skilaufen fährt – sondern eher von einer Klassenfahrt. Und so ist es noch lange kein Projekt, wenn die Schule ein Konzert, einen Weihnachtsbasar oder ein Sommerfest organisiert – sondern allenfalls ein Beitrag zum Schulleben. Mit der inflationären Verwendung des Begriffs ist dieser zu einem austauschbaren Terminus geworden. Deshalb sollte man sich noch einmal vor Augen führen, was ein pädagogisches Projekt eigentlich ausmacht.

Für die Begründer des Projektlernens setzt diese Methode voraus, dass ...

- ☑ der Anstoß dazu von den Schülern kommt und deshalb nicht steuerbar ist.
- ☑ die Inhalte des Projekts an die Alltagserfahrungen der Schüler anknüpfen.
- ☑ die Fächergrenzen durch einen interdisziplinären Ansatz überwunden werden.
- ☑ ein Projekt von den Schüler selbstständig organisiert und verantwortet wird.
- ☑ dem praktischen Lernen hier viel Raum gegeben wird.
- ☑ die Schüler ein Lernen mit allen Sinnen erleben.
- ☑ sie über die Projektarbeit zahlreiche soziale Erfahrungen sammeln.
- ☑ außerschulische Lernorte und Experten in die Projektarbeit eingebunden werden.
- ☑ immer auf ein vorzeigbares Ergebnis hingearbeitet wird.
- ☑ die Schüler auch von einem gescheiterten Projekt profitieren.

So schwer sich viele Lehrkräfte damit tun, das straffe Reglement des Unterrichts gegen die spontane Dynamik des Projektlernens einzutauschen – so leicht wird es ihnen gemacht, die dafür notwendigen organisatorischen Spielräume freizuschaufeln: Denn an den meisten Schulen sind Projekttage oder Projektwochen im Kalender eines Schuljahres fest eingeplant. So ist gewährleistet, dass sich alle Klassen wenigstens einmal im Jahr mit einem Projekt beschäftigen. Und auch der hartleibigste Pauker wird einsehen, dass er sich dem Sog des neuen Lernens nicht dauerhaft verweigern kann. Für viele Schüler haben solche Projekttage allerdings nur eine Alibi-Funktion – vor allem dann, wenn sie jeweils an das Ende eines Schuljahres gelegt werden und sich damit in Konkurrenz zu Wandertag, Sportfest und Hitzefrei befinden. Aber auch als beschäftigungstherapeutisches Notprogramm für die letzten Tage des Schuljahres machen solche Projekttage Sinn. Denn hier erleben viele Schüler und Lehrer zum ersten Mal, dass sich im Rahmen der Projektarbeit lustvoller, eigenständiger und effektiver lernen lässt als unter den Bedingungen des Regelunterrichts. Im Idealfall wird sich mancher Kollege von diesen guten Erfahrungen anstecken lassen und im Verlauf des Schuljahres weitere Projekte durchführen – womit schon eine ganze Menge erreicht wäre.

Jedes Projekt lebt von der Offenheit seiner Inhalte und von der Vielfalt seiner Methoden. Mit Recht erwarten die Schüler von Ihnen, dass Sie sich auch ungewöhnlichen Vorschlägen öffnen und die Routine des Regelunterrichts nicht nur mit anderen Mitteln fortsetzen. In der Regel sind es dabei drei Operationen, die die Dramaturgie des Projektlernens bestimmen: Die Schüler müssen zunächst gründlich **recherchieren**, bevor sie auf der Basis solcher Erkenntnisse etwas **produzieren** und dieses Produkt schließlich **präsentieren**. Innerhalb dieser Schrittfolge von Recherche, Produktion und Präsentation sind allerdings zahlreiche methodische Spielarten denkbar.

Grundoperation	Beispielhafte Methoden
RECHERCHIEREN	✓ im Internet auf Spurensuche gehen ✓ in Bibliotheken, Archiven oder Museen arbeiten ✓ Fachleute und Zeitzeugen befragen ✓ die Menschen auf der Straße interviewen ✓ hinter die Kulissen einer bekannten Einrichtung schauen ✓ ein Experiment durchführen ✓ ein Praktikum oder eine Schnupperlehre absolvieren ✓ etwas an sich selbst ausprobieren
PRODUZIEREN	✓ die Lebensbedingungen anderer Menschen nachstellen ✓ etwas ganz Neues erfinden und konstruieren ✓ ein Produkt in Serienanfertigung herstellen ✓ anderen eine Dienstleistung anbieten und diese vermarkten ✓ eine Schülerfirma gründen ✓ für einen karitativen Zweck sammeln ✓ eine Patenschaft übernehmen ✓ ein Planspiel oder ein Tribunal durchführen
PRÄSENTIEREN	✓ eine Broschüre oder Zeitung herausgeben ✓ eine Ausstellung im Schulhaus gestalten ✓ eine öffentliche Veranstaltung organisieren ✓ ein Denkmal errichten oder eine Erinnerungstafel platzieren ✓ ein Theaterstück einstudieren und aufführen ✓ selbst gemachte Produkte vermarkten ✓ einen Film drehen ✓ ein Feature für den Hörfunk produzieren

Diese Aufstellung belegt, auf welche methodische Bandbreite die Projektarbeit zurückgreifen kann. Und sie zeigt auch: Hier können sich die Schüler viele Kompetenzen aneignen, die ihnen im Rahmen des Regelunterrichts niemand vermitteln könnte. Außerdem überwindet die Schule hier ihren tradierten Status als Reservat und Spielwiese: Wenn die Schüler etwas Brauchbares und Vorzeigbares herstellen, wenn sie sich auf Menschen außerhalb der Schule einlassen, wenn Sie sich in die Öffentlichkeit begeben – dann simulieren sie die Wirklichkeit nicht nur, sondern stellen sich den hier geltenden Bedingungen. Deshalb gehen sie hier auch mit einer ganz anderen Ernsthaftigkeit ans Werk, wenn sie den Schonraum des schulischen Lernens verlassen. Sie lernen dann nicht nur für, sondern in, mit und durch das Leben. Und diese Herausforderung schlägt sich in einer deutlich höheren Motivation nieder. Deshalb mag die Projektarbeit ihren Preis haben – dieser wird ihnen aber über das Engagement und die Begeisterungsfähigkeit Ihrer Schüler zurückerstattet.

QUALITÄTSCHECK FÜR DAS LERNEN IN PROJEKTEN

- ☑ Geht das Projekt auf eine Anregung der Schüler zurück?
- ☑ Reicht das Projektthema über den verbindlichen Kanon der Lerninhalte hinaus?
- ☑ Gehen die Alltagserfahrungen der Schüler in die Themenfindung und Projektplanung ein?
- ☑ Ist gewährleistet, dass das Projekt von den Schülern in eigener Verantwortung geplant und durchgeführt wird?
- ☑ Wird der Projektverlauf immer wieder überprüft und gegebenenfalls gegenüber der ursprünglichen Planung abgeändert?
- ☑ Sind an der Themenfindung und an den Recherchearbeiten mehrere Fächer beteiligt?
- ☑ Arbeiten die Schüler im Rahmen unterschiedlicher Sozialformen?
- ☑ Suchen sie Lernorte außerhalb der Schule auf?
- ☑ Werden Experten von außerhalb in die Projektarbeit einbezogen?
- ☑ Steht im Mittelpunkt der gemeinsamen Arbeit das Lernen mit allen Sinnen?
- ☑ Kommen praktisch und theoretisch begabte Schüler bei diesem Projekt jeweils auf ihre Kosten?
- ☑ Ist gewährleistet, dass sich die Schüler durch die Projektarbeit zusätzliche Kompetenzen aneignen?
- ☑ Steht am Ende des Projekts ein vorzeigbares Ergebnis?
- ☑ Wird dieses Ergebnis Interessenten innerhalb und außerhalb der Schule präsentiert?
- ☑ Werden die Schüler abschließend zu ihren Erfahrungen mit der Projektarbeit gefragt?
- ☑ Wird ihre Mitarbeit an dem Projekt in irgendeiner Weise zertifiziert?

Das erste Mal … EINE ARBEITSGEMEINSCHAFT ANBIETEN

Wenige Tage nach Beginn des neuen Schuljahres muss Malte als Klassenlehrer die Elternbriefe zu den Wahlfächern verteilen. Seit seine neue Schule zu einer Ganztagseinrichtung geworden ist, hat sich die Zahl der Wahlfächer und Arbeitsgemeinschaften explosionsartig erhöht. Und das ist gut so.
Neugierig, überrascht und manchmal belustigt studieren seine Schüler, welche Arbeitsgemeinschaften von welchen Lehrern angeboten werden. Dass Herr Schweigert einen Kurs in Taekwondo anbietet, hätte man sich ja denken können. Auch dass Frau Grillo-Hiuskens die Schüler zum „Buddhistischen Tanz" einlädt, ist keine wirkliche Überraschung. Dass sich aber Frau Röckelein zutraut, die Schüler in die Geheimnisse des „Saisonalen Fettgebäcks" einzuweisen – das hätte der rappeldürren Chemielehrerin kaum einer zugetraut.

Arbeitsgemeinschaften und Wahlfächer gelten als leichte pädagogische Kost und haben es deshalb schwer, sich gegen die Schwergewichte des schulischen Fächerkanons zu behaupten. Dabei haben sie für die Statik der pädagogischen Angebote eine nicht zu unterschätzende Bedeutung. Schließlich identifizieren sich viele Schüler mit ihrer Schule nur deshalb, weil sie in der Arbeit der Theatergruppe aufblühen oder mit ihrer Hockeymannschaft zu großer Form auflaufen. Den Stellenwert einer Arbeitsgemeinschaft kann offensichtlich nur würdigen, wer selbst in ein solches Angebot eingebunden ist – sei es als Lehrer oder als Schüler. Allen anderen muss deren besondere Qualität offensichtlich erst vermittelt werden.

So wissen die Insider längst, dass eine solche Arbeitsgemeinschaft …

- ☑ erheblich mehr pädagogische Freiheiten zulässt als jeder Regelunterricht. So ist der Lehrer hier an keinen Lehrplan gebunden, der seinen Handlungsspielraum einengen und die eigene Kreativität beschneiden würde.
- ☑ ein Unterrichten ermöglicht, das frei von jedem Notendruck ist. Denn die Schüler bekommen hier lediglich ein Zeugnis über ihre Teilnahme ausgestellt – weshalb auch auf Abfragen und Klassenarbeiten verzichtet werden kann.
- ☑ einen deutlich höheren Praxisanteil voraussetzt als das in den klassischen Schulfächern der Fall ist. So arbeiten viele Wahlfächer auf ein vorzeigbares Ergebnis hin – was die Motivation sicherlich befördert.
- ☑ eine Sache der Freiwilligkeit ist und es deshalb oft bei einer überschaubaren Zahl von Teilnehmern bleibt. Die Arbeit vollzieht sich hier deshalb viel entspannter als in so mancher überfüllten Regelklasse.
- ☑ nicht nur die fachliche Ausbildung, sondern auch die verborgenen Leidenschaften oder die besonderen Lebenserfahrungen eines Lehrers widerspiegelt. In der AG kann er sich geben, wie er vielleicht wirklich ist.

In der Regel umfasst der Unterricht in einer Arbeitsgemeinschaft oder einem Wahlfach zwei Wochenstunden, die jeweils auf das Stundendeputat eines Lehrers angerechnet werden. Allerdings finden solche pädagogischen Angebote am Nachmittag statt – also zu einer Zeit, in der der Biorhythmus der Schüler abzustürzen droht und auch der des Lehrers sichtlich schwächelt. Deshalb sollten Sie prüfen, ob sich für Ihre Arbeitsgemeinschaft vielleicht eine Blocklösung finden lässt: Sie lassen sich mit ihren Schülern für die Dauer eines Wochenendes in einem Tagungshaus nieder – und können dafür den Unterricht in den nächsten acht Wochen einfach ausfallen lassen. Damit entlasten Sie nicht nur den eigenen Nachmittag, sondern nutzen auch die besonderen Chancen, die ein solches Arbeiten „an einem Stück“ bietet.

Zu einem Problem könnte werden, dass viele Schüler während des Schuljahres das Handtuch werfen und die Arbeitsgemeinschaft verlassen. Sobald ihre Noten in den Pflicht- und Wahlpflichtfächern absinken, geben viele von ihnen die freiwillig gewählten Zusatzangebote wieder auf, was eine kontinuierliche Arbeit fast unmöglich macht. An vielen Schulen gilt deshalb der Grundsatz: Wer sich zu Beginn des Jahres für eine Arbeitsgemeinschaft angemeldet hat, kann nicht nach Lust und Laune aussteigen – sondern muss wenigstens bis zum Zwischenzeugnis durchhalten. Angesichts der starken Stimmungsschwankungen, denen junge Leute vor allem in der Pubertät ausgesetzt sind, eigentlich eine ganz vernünftige Regelung.

Sie sind sicherlich gut beraten, wenn Sie sich von Anfang an um eine solche Arbeitsgemeinschaft oder um ein Wahlfach bemühen. Allerdings müssen Sie darauf gefasst sein, dass Sie es hier teilweise mit pädagogischen Erbhöfen zu tun haben, die von einzelnen Kollegen mit Zähnen und Klauen verteidigt werden. Da gibt es an manchen Schulen den Lehrer, der die Theatergruppe der Schule seit vielen Jahren leitet und der in dieses Projekt bereits viel Herzblut investiert hat. Und da engagiert sich an einer anderen Schule eine Lehrerin ebenso lange im Rahmen ihrer Umweltgruppe. Es wäre äußerst unklug, in solche Domänen einbrechen zu wollen und damit die betroffenen Lehrkräfte gegen sich aufzubringen. Deshalb sollten Sie lieber in eigener Sache kreativ werden: Welche Qualifikation, welche Erfahrung, welches Anliegen oder welches Hobby können Sie in das Wahlfachangebot Ihrer Schule einbringen? Ihr Grundsatz sollte es sein, lieber einen eigenen Erbhof zu eröffnen als sich in dem eines Kollegen breitzumachen. In jedem Fall bietet sich Ihnen damit die Chance, sich auch außerhalb des Klassenzimmers zu profilieren und so ihre Stellung innerhalb der Schule zu festigen.

50 IDEEN FÜR WAHLFÄCHER UND ARBEITSGEMEINSCHAFTEN

LERNEN LERNEN	✓ Hausaufgaben ohne Stress ✓ Leben ohne Prüfungsangst ✓ Vokabeltraining ✓ Gehirn-Jogging	✓ Zeitmanagement für Schüler ✓ Hilfe bei Rechtschreibproblemen ✓ Keine Angst vor Referaten! ✓ Ausbildung zum Mentor
SPORT	✓ Mädchen-Fußball ✓ Badminton ✓ Mountainbiking ✓ Jiu Jitsu ✓ Skigymnastik	✓ Jazz-Tanz ✓ Fitness ohne Studio ✓ Selbstverteidigung für Mädchen ✓ Streetdance ✓ Sambagruppe
SPRACHEN	✓ Muttersprachlicher Unterricht ✓ Deutsch als Zweitsprache ✓ Italienisch ✓ Spanisch für den Urlaub	✓ Wirtschaftsenglisch ✓ Esperanto ✓ Schwäbisch für Zugereiste ✓ Geheimsprachen
TECHNIK	✓ Zaubern mit Chemie ✓ Radiobasteln ✓ Küchenschrankphysik ✓ Fahrradkeller	✓ Modellbau ✓ Erfinderwerkstatt ✓ Schulsternwarte ✓ Holzwerkstatt
MUSISCHE BILDUNG	✓ Violine I und II ✓ Unterstufenchor ✓ Gemischter Chor ✓ Gospelchor ✓ Big Band ✓ Percussion-Gruppe ✓ Rappen für Einsteiger	✓ Dramatisches Gestalten ✓ Impro-Theater ✓ Freies Schreiben ✓ Wandmalerei ✓ Keramik ✓ Fotolabor ✓ Animationsfilm
SOZIALES	✓ „Juniors 4 Seniors" ✓ Eine-Welt-Gruppe ✓ Arbeitskreis Asyl	✓ Amnesty Schülersektion ✓ Jungenkonferenz ✓ Schüler-Streit-Schlichter
SCHULLEBEN	✓ Tutorengruppe ✓ Schulsanitäter ✓ Schulfeuerwehr	✓ Schülercafé ✓ Schülerzeitung ✓ Schulradio

Das erste Mal ... EIN FEEDBACK EINFORDERN

So gut es Julia auch an ihrer neuen Schule gefällt – mit dieser 6. Klasse kommt sie einfach nicht zurecht. Ein ordnungsgemäßer Unterricht ist hier kaum möglich, weil man sich nicht darauf verlassen kann, dass die Schüler ihre Hausaufgaben gemacht und die benötigten Arbeitsmaterialien eingepackt haben. Außerdem hat Julia bisher noch kein Mittel gefunden, um die Unruhe in der 6c in den Griff zu bekommen und die dauernden Zwischenrufe endlich abzustellen. Ein erster vorsichtiger Brief an die Eltern ist ohne nachhaltige Wirkung geblieben – und ihre Gespräche mit den Schülern haben die Situation ohnehin nicht entspannen können. In ihrer Not wendet sich Julia an den Klassenlehrer der 6c, einen in mancher pädagogischen Strömung erprobten Fahrensmann. Der tut so, als höre er zum ersten Mal von den Disziplinlosigkeiten seiner Schützlinge. Dann aber bietet er Julia seine kollegiale Hilfe an: „Gut, dass Sie mich informiert haben. In meiner Klasse ist wohl wieder einmal eine Feedback-Stunde fällig. Und ich kann Ihnen versprechen: Die Schüler können sich auf ein Feedback gefasst machen, wie sie es bisher noch nicht erlebt haben – jedenfalls nicht von mir. Wäre doch gelacht, wenn sich die 6c nicht auf Linie bringen ließe."

Schön, dass der pädagogische Routinier Julia helfen möchte. Nur muss er da irgendetwas verwechselt haben. Denn ein Feedback ist weiß Gott keine Standpauke, um den Schülern ihre Flausen auszutreiben: Hier ist es nicht der Lehrer, der seinen Schülern etwas mitzuteilen hat – hier ist es die Klasse, deren Urteil er sich zu stellen hat. Deshalb wandelt sich der Lehrer in einer Feedback-Stunde zum aufmerksamen Zuhörer, der allenfalls einmal nachfragt und sich hier nicht einmal verteidigen sollte. Denn eine solche Rückmeldung ist vor allem eine Sache der Schüler.

In fast allen Bildungseinrichtungen gehört das regelmäßige Feedback zu den selbstverständlichen Standards des Lehrbetriebs: An den Volkshochschulen, in der beruflichen Weiterbildung und inzwischen auch an den Universitäten werden die Lernenden regelmäßig zur Qualität der angebotenen Veranstaltungen befragt. Nur an der Schule fürchten viele Kollegen eine solche Unterrichtskritik immer noch wie der Teufel das Weihwasser. Und dieselben Lehrkräfte, die am Ende eines Pädagogischen Tags oder zum Abschluss einer Fortbildungswoche ganz selbstverständlich ihren Feedback-Bogen ausfüllen, sperren sich mit aller Macht, wenn sie von den Schülern mit einem ähnlichen Ansinnen behelligt werden.

Diese Abwehrhaltung hat viel mit den verborgenen Ängsten dieser Lehrer zu tun: Sie befürchten, dass eine solche Feedback-Stunde zu einem Tribunal ausarten könnte. Und wohl niemand begibt sich freiwillig auf die Anklagebank, um sich hier den Einlassungen seiner halbwüchsigen Kritiker auszusetzen. Von solchen hysterischen Fantasien sollten Sie sich weder beeindrucken noch abschrecken lassen.

Lieber sollten Sie von vorneherein verhindern, dass sich das Klassenzimmer in ein Tribunal verwandelt. So sollten Sie bereits in der ersten Stunde des neuen Schuljahres mit ihren Klassen vereinbaren, für welchen Termin eine erste Feedback-Stunde vorgesehen ist. Sonst laufen Sie Gefahr, sich der Kritik ihrer Schüler jeweils dann stellen zu müssen, wenn sich entsprechend viel Unmut aufgestaut hat und der Druck unter dem Deckel am größten ist.

In einer so aufgeheizten Stimmung aber ist von den Schülern keine abgewogene und differenzierte Bewertung Ihres Unterrichts zu erwarten. Außerdem müssen Sie sich und den Schülern jeweils klarmachen, dass der Anstoß für ein solches Feedback immer von Ihnen selbst auszugehen hat. Deshalb formulieren Sie selbst die Fragen, die Sie von den Schülern beantwortet haben wollen. Deshalb bringen Sie sich ein, wenn die Kriterien für eine Bewertung Ihres Unterrichts ausgehandelt werden sollen. Sie sind es ja, die die Schüler um ein Feedback bitten; deshalb haben Sie es nicht nötig, sich eine solche Unterrichtskritik von diesen aufdrängen zu lassen. So kann es sein, dass die Schüler auch über Ihre Qualitäten als Spaßmacher reden wollen. Sie können sich entsprechende Fragen aber verbitten, wenn Sie sich nicht an irgendwelchen Entertainern oder Comedians messen lassen wollen. Schließlich können Sie durch die Wahl geeigneter Feedback-Methoden verhindern, dass das Ganze aus dem Ruder läuft. Fehlt es an einer solchen Methode, sehen sich die Schüler vor eine unsichtbare Klagemauer gestellt, wo ihnen das Nörgeln, Motzen und Schimpfen allzu leicht gemacht wird – es zu einer konstruktiven Kritik also überhaupt nicht mehr kommt. Dieser „Unkultur des Rauskotzens" können Sie aber vorbeugen, wenn Sie die versachlichenden Effekte nutzen, die Sie bei den folgenden Feedback-Methoden zu erwarten haben:

FEEDBACK-METHODEN

SPOTLIGHT Diese Methode eignet sich vor allem für ein spontanes Feedback. Dazu formulieren Sie einen Satzanfang („Am meisten hat mir Ihr Unterricht Spaß gemacht, als ...") und werfen gleichzeitig einem Schüler einen Softball zu. Dieser muss den angefangenen Satz dann zu Ende führen („... wir uns einen Limerick ausdenken sollten."). Dann wird der Ball zum nächsten Schüler geworfen – und auch der muss sich für eine Fortsetzung entscheiden. Wenn den Schülern dazu nichts mehr einfällt, werfen Sie den nächsten Satzanfang ein.

DARTSCHEIBE Auch hier geht es eher darum, ein spontanes Stimmungsbild einzufordern. Dazu wird auf einem Poster eine Dartscheibe aufgemalt. Jeder der acht Sektoren steht dabei für einen Aspekt der Unterrichtskritik („Methoden", „Hausaufgaben", „Noten" o. Ä.). Jeder Schüler erhält acht Markierungspunkte, die er auf die einzelnen Sektoren aufklebt. Je näher ein Markierungspunkt ins Zentrum der Dartscheibe rückt – umso besser fällt das Urteil der Schüler aus. Und je mehr sich ein Klebepunkt dem Rand nähert – umso mehr gibt es hier zu beanstanden.

MEINUNGSBAUM Mit dieser Methode können die Schüler ihrem Lehrer eine erste Rückmeldung geben – auch wenn diese noch recht plakativ ausfällt. Dazu erhält jeder Schüler einen Klebezettel, auf dem jeweils ein anderes Kriterium für guten Unterricht aufnotiert ist („Abwechslung", „Motivation", „Gerechtigkeit", „Geduld" o. Ä.). Dann wird ein Kartenständer in die Mitte des Sitzkreises gerückt. Die Schüler kleben ihre Zettel auf den Kartenständer: Je besser das entsprechende Kriterium erfüllt ist – umso mehr wandert der Klebezettel nach oben. Und je mehr es hier nachzubessern gibt – umso tiefer rutscht der Zettel nach unten.

SYNTAKTISCHE BAUSTELLE

Für diese Methode muss eine ganze Unterrichtsstunde veranschlagt werden. Dazu werden an den Wänden des Klassenzimmers Poster aufgehängt, auf denen jeweils ein Satzanfang zu lesen ist („Ihre Klassenarbeiten sind …"). Die Schüler schnappen sich einen dicken Filzschreiber und wandern von Plakat zu Plakat. Wenn sie eine Idee haben, wie ein angefangener Satz weitergeführt werden sollte, notieren sie ihre Fortsetzung auf das entsprechende Plakat.

ROT-GRÜN

Diese Methode gewährleistet, dass jeder Lehrer ein ausgewogenes Feedback erhält – sei er nun bei den Schülern eher beliebt oder eher gefürchtet. Dazu erhält jeder Schüler drei rote und drei grüne Karten: Auf die grünen notiert er jeweils eine positive Eigenschaft des Lehrers – und auf die roten jeweils eine kritische Beobachtung. Die Karten werden dann so aufgehängt, dass entsprechende Cluster auf den ersten Blick zu erkennen sind.

FEEDBACK-FLIESSBAND

Bei dieser Methode ist die ganze Klasse in Aktion – und vielleicht ist sie gerade deswegen unter den Schülern so beliebt. Dazu wird zunächst ein Sitzkreis gebildet. Jeder Schüler erhält eine Karteikarte mit einer Frage zur Persönlichkeit des Lehrers („Für welchen Beruf wäre ich sonst noch geeignet?"). Die Schüler schreiben ihre Antwort auf die Karteikarte und lassen diese so lange im Kreis herumgehen, bis sie an ihren Ausgangspunkt zurückgekehrt ist. Jeder Schüler liest „seine" Frage vor – und was den Mitschülern dazu an kritischen, witzigen oder aufmunternden Kommentaren eingefallen ist.

REVANCHE

Mit dieser Methode wird der Spieß einfach einmal umgedreht: Der Lehrer füllt hier einen Fragebogen aus, bei dem es um seine Wahrnehmung der Klasse innerhalb und außerhalb des Unterrichts geht. Der ausgefüllte Fragebogen wird dann unter den Schülern verteilt und mit ihnen diskutiert.

Niemand lässt sich gerne kritisieren. Und auch Sie werden die Kritik Ihrer Schüler nicht ganz so cool wegstecken, wie Sie sich der Klasse gegenüber geben. Was aber wäre die Alternative zu einem geordneten Feedback? – Wenn sich das Grummeln der Schüler, wenn sich ihr unterschwelliger Unmut nicht artikulieren kann, lässt sich diese Kritik nicht mehr so schnell einfangen. Sie werden dann damit rechnen müssen, dass sich die Schüler an ihren Klassenleiter oder an die Vertrauenslehrerin wenden, dass sie schließlich sogar ihre Eltern mobilisieren und die Schulleitung einschalten. Aus der anfänglichen Kritik wäre dann ein Aufreger geworden, durch den ihr Verhältnis zu den Schülern nachhaltig gestört würde. Deshalb sollte es auch in Ihrem Interesse sein, Ihren Schülern ein solches Feedback anzubieten. Sie verfügen hier über ein Frühwarnsystem, das eine Eskalation des Konflikts erst gar nicht aufkommen lässt. Und die Schüler sind fürsorglich und sensibel genug, um Ihnen ihre Kritik in netter Form zu präsentieren.

Die meisten Lehrkräfte arbeiten dabei mit einem Feedback-Bogen: Er enthält unterschiedliche Aussagen zur Unterrichtsgestaltung, zur Lehrerpersönlichkeit und zur pädagogischen Präsenz. Die Schüler müssen dann jeweils ankreuzen, ob eine solche Aussage auf Sie „voll und ganz", „meistens", „eher selten" oder „überhaupt nicht" zutrifft. Aufgabe der Klassensprecher ist es, die ausgefüllten Feedback-Bögen auszuwerten. Sie werden dazu ein Ranking erstellen, bei dem die einzelnen Aussagen entsprechend ihrer Zustimmungsrate gestaffelt sind. Dieses Ranking könnte Ihnen helfen, mit Ihren Schülern ins Gespräch zu kommen: Warum wurden manche Kriterien so schlecht bewertet? Welche Erfahrungen liegen dieser Bewertung zugrunde? Und was sollte sich in Zukunft ändern, damit solche Rückmeldungen nicht gänzlich umsonst waren? – Denn nichts vermag Lehrer wie Schüler so zu frustrieren wie ein Feedback, durch das sich nichts verändert, nichts bewegt.

„Sie haben sich überhaupt nicht verändert." [27]

Das sollte auch in Lehrerkreisen nicht unbedingt als Kompliment verstanden werden.

„MEIN UNTERRICHT IN DER DISKUSSION"

EIN FEEDBACK-BOGEN

Aussage	*stimme voll und ganz zu*	*stimme meistens zu*	*stimme eher selten zu*	*stimme überhaupt nicht zu*
Sie bereiten Ihren Unterricht gut vor.				
Ich weiß immer ganz genau, worum es in einer Stunde geht.				
Ihre Stunden sind schlüssig aufgebaut.				
Sie können neue Inhalte gut erklären.				
Sie haben viel Geduld mit unseren Fragen.				
Ich höre Ihnen gerne zu.				
Sie setzen in Ihren Stunden ganz unterschiedliche Methoden ein.				
Ihr Unterricht ist immer sehr anschaulich.				
Sie bauen in Ihren Unterricht immer wieder unterschiedliche Medien ein.				
Sie kümmern sich besonders um schwächere Schüler.				
Sie haben Verständnis, wenn wir mal nicht so gut drauf sind.				
Umfang und Schwierigkeitsgrad Ihrer Hausaufgaben passen.				

➡

Aussage	*stimme voll und ganz zu*	*stimme meistens zu*	*stimme eher selten zu*	*stimme überhaupt nicht zu*
Sie bereiten uns auf die Klassenarbeiten gut vor.				
Ihre Korrekturen helfen mir wirklich weiter.				
Ihre Notengebung ist nachvollziehbar und fair.				
In Ihren Stunden herrscht eine angenehme Arbeitsatmosphäre.				
Sie greifen ein, wenn es wirklich einmal zu laut wird.				
Sie regeln Konflikte nicht auf Kosten der Schüler.				
Sie sind überhaupt nicht nachtragend.				
Ich fühle mich von Ihnen ernst genommen und respektiert.				
Ich gehe gerne in Ihren Unterricht.				

ANMERKUNGEN

1 Horst Engelbach und Margit Teetz-Scherer: BRAVO Ratgeber. Rat und Hilfe vom Dr.-Sommer-Team. Rastatt 1988 (Moewig), S. 51

2 Ebd., S. 52

3 vgl. Schulordnung für die Gymnasien in Bayern (GSO). München 2011, S. 94

4 Bayerisches Staatsministerium für Unterricht und Kultus: Handbuch für Schülervertreter. München 2010, S. 20

5 Hamburger Schulgesetz (HmbSG) § 61 Abs. 2 (Fundort: www.hh.shuttle.de)

6 vgl. Eva und Hans-Joachim Blum: Der Klassenrat. Ziele, Vorteile, Organisation. Mülheim an der Ruhr 2012 (Verlag an der Ruhr). Oder: www.derklassenrat.de

7 Staatsinstitut für Schulqualität und Bildungsforschung (ISB): Bemerkungsbausteine für Zeugnis und Schülerbeobachtung. www. isb.bayern.de/grundschule/materialien/formulierungshilfen-zu-den-grundschulzeugnissen

8 Ebd.

9 1924 Alfred Hahn's Verlag
Esslinger Verlag.
J.F. Schreiber GmbH, Esslingen

10 Eine detaillierte Beschreibung der hier aufgeführten Wandertagsideen findet sich in: Jonas Lanig: Wandertage & Klassenfahrten ohne Stress. 50 Ideen & Projekte für sinnvolle Ausflüge und Exkursionen. Mülheim an der Ruhr 2005 (Verlag an der Ruhr)

11 Weitere Ideen für innovative Klassenfahrten sind nachzulesen in: Jonas Lanig: Wandertage & Klassenfahrten ohne Stress. 50 Ideen & Projekte für sinnvolle Ausflüge und Exkursionen. Mülheim an der Ruhr 2005 (Verlag an der Ruhr)

12 Empfehlenswerte Literatur und Texte zu Weihnachten: Robert Gernhardt, Bernd Eilert und Peter Knorr: Es ist ein Has' entsprungen. Und andere Geschichten vom Fest. Frankfurt am Main 2011 (Fischer TB)

13 Siehe dazu auch: Jonas Lanig: Gegen Chaos und Disziplinschwierigkeiten: Eigenverantwortung in der Klasse fördern. Mülheim an der Ruhr 2004 (Verlag an der Ruhr), S. 8

14 Ebd., S. 33ff.

15 vgl. Inge Karazman-Morawetz und Heinz Steinert: Gewalterfahrungen Jugendlicher. Frankfurt am Main 1993. (Fundort: http://.arbeitsblaetter.stangl-taller.at)

[16] vgl. Christiane Hoffmann und Antje Schmelcher: Wo die wilden Kerle wohnen, in: Frankfurter Allgemeine Zeitung vom 16.02.2012

[17] vgl. Cordula Neuhaus: Tipps für Pädagogen (Fundort: www.ads-gruppe.de)

[18] Dr. Heinrich Hoffmann: Der Struwwelpeter. o.O., o.J. (Loewe Verlag), S. 18

[19] vgl. Bayerisches Staatsministerium für Unterricht und Kultus: Legasthenie-Erlass Bayern, KMBl 1980/1, S. 598

[20] vgl. Was Schüler psychisch krank macht, in: FOCUS Schule online vom 10. September 2009.

[21] vgl. Heinz Klippert: Heterogenität im Klassenzimmer. Weinheim und Basel 2010 (Beltz), S. 160ff.

[22] Wilhelm H. Peterßen: Kleines Methoden-Lexikon. München 1999 (Oldenbourg), S. 271

[23] vgl. Wulf Wallrabenstein: Offene Schule – Offener Unterricht. Ratgeber für Eltern und Lehrer. Reinbek 1991 (Rowohlt), S. 79f.

[24] Valentin Herzog: Nicht einfach, eine Klasse zum Fliegen zu bringen, in: Die Weltwoche, Nr. 22 vom 02. Juni 1988, S. 77

[25] Die Beispiele finden sich in: Jonas Lanig: Differenzierung im Klassenzimmer. Methoden gegen die Uniformität des Lernens. Berlin 2012 (Raabe), S. 41ff.

[26] Mathis Behrens: Das Portfolio zwischen formativer und summativer Bewertung, in: Beiträge zur Lehrerbildung Heft 2/1997, S. 177

[27] Das Wiedersehen.
Aus: Bertolt Brecht, Werke. Große kommentierte Berliner und Frankfurter Ausgabe, Band 18: Prosa 3.
© Bertolt-Brecht-Erben/Suhrkamp Verlag 1995.

Verlag an der Ruhr

Postfach 10 22 51
45422 Mülheim an der Ruhr

Telefon 030/89 785 235
Fax 030/89 785 578

bestellungen@cornelsen-schulverlage.de
www.verlagruhr.de

■ Mehr Motivation und Abwechslung im Unterricht!

99 Methoden zur Schüleraktivierung

Kl. 5–13, 144 S., 17 x 24 cm, Paperback,
mit bearbeitbaren Word-Dateien zum Download
ISBN 978-3-8346-2328-7

■ „Unsere Tochter nimmt nicht am Schwimmunterricht teil!"

50 religiös-kulturelle Konfliktfälle in der Schule und wie man ihnen begegnet

Für alle Schulstufen, 192 S.,
16 x 23 cm, Paperback, farbig
ISBN 978-3-8346-0969-4

■ Eine Schule für alle

Inklusion umsetzen in der Sekundarstufe

Kl. 5–13, 359 S., 16 x 23 cm, Paperback,
farbig, mit Download-Angebot
ISBN 978-3-8346-0891-8

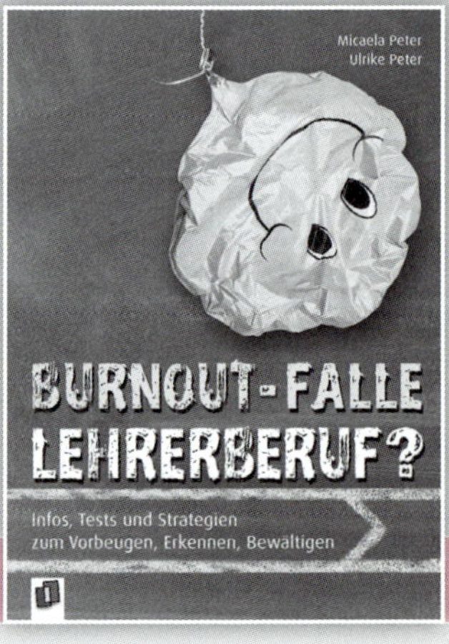

■ Burnout-Falle Lehrerberuf?

Infos, Tests und Strategien zum Vorbeugen, Erkennen, Bewältigen

Für alle Schulstufen, 176 S.,
17 x 24 cm, Paperback
ISBN 978-3-8346-2325-6

Strategien • Tipps • Praxishilfen